처음이세요?

전문가세요?

AI와 XMZ 세대

인공지능총서

인공지능 시대입니다. 기계가 인간의 인지를 대신하고, 사물이 인간을 통하지 않고 다른 사물과 직접 커뮤니케이션합니다. 이에 따른 인간 삶과 문명 변화를 정확히 이해·예측·대응하는 것은 이 시대 우리 모두의 과제입니다. 인공지능총서는 인공지능 기술과 환경의 여러 주제를 10가지 키워드로 정리합니다. 관련 개념과 이론, 학계와 산업계의 쟁점, 우리 일상의 변화를 다룹니다. 인간과 기술의 현재, 미래를 세심히 분석합니다.

일러두기

- 인명, 작품명, 저서명, 개념어 등은 한글과 함께 괄호 안에 해당 국가의 원어를 병기했습니다.
- 외래어 표기는 현행 어문규정의 외래어표기법을 따랐습니다.

AI와 XMZ 세대

김현정

대한민국, 서울, 커뮤니케이션북스, 2025

AI와 XMZ 세대

지은이 김현정
펴낸이 박영률

초판 1쇄 펴낸날 2025년 5월 22일

커뮤니케이션북스(주)
출판 등록 2007년 8월 17일 제313-2007-000166호
02880 서울시 성북구 성북로 5-11
전화(02) 7474 001, 팩스(02) 736 5047
commbooks@commbooks.com
www.commbooks.com

ISBN 979-11-430-0101-6 03500

책값은 뒤표지에 표시되어 있습니다.

차례

AI와 XMZ 세대: 세대를 연결하는 기술, 그리고 각 세대의 기대와 현실

현대 사회의 X 세대, M 세대, Z 세대는 각기 다른 시대적 경험과 디지털 환경에서 형성된 고유한 특성을 지니며, 노동 가치관, 소비 행태, 학습 방식에서 뚜렷한 차이를 보인다. AI 기술의 발전은 이러한 세대별 특성과 맞물려 각 세대의 기술 수용 방식과 사회적 역할을 재구성하는 핵심 동력으로 작용하고 있다. AI는 정보 제공을 넘어 인간과 상호작용하고 물리적 환경에서 스스로 판단·행동하는 방향으로 진화하면서 세대 간 소통과 이해의 매개체로 자리 잡을 가능성이 높다. 본서는 이러한 흐름을 기반으로 AI와 XMZ 세대의 관계를 다각적으로 분석하고, 세대별 수용과 활용의 스펙트럼을 학문적으로 조망하고자 한다.

XMZ 세대의 특징 및 차이점

XMZ 세대의 구분

현대 사회는 급격한 기술 발전과 경제·문화적 변화 속

에서 다양한 세대가 공존하고 있으며, 각 세대는 시대적 배경과 경험에 따라 고유한 특성을 형성해 왔다. X 세대(1965~1980년생)는 아날로그 시대에서 디지털 시대로의 전환을 직접 경험한 첫 세대로, 개성과 도전을 중시하면서도 실용적인 가치관을 지닌다. 이들은 경제적 성장이 지속되던 시기에 청소년기를 보냈고, IMF 외환위기 등의 사회적 변화를 겪으며 생존과 경쟁을 중요한 요소로 인식하게 되었다. 따라서 X 세대는 조직 내에서의 성취와 안정적인 직업을 중시하며, 기업의 충성도가 높은 경향을 보인다. 그러나 개인주의적 성향도 강해, 이전 베이비부머 세대와 달리 조직의 규율을 무조건적으로 따르기보다는 자신의 경력과 목표를 우선적으로 고려하는 태도를 보인다(김경준 · 이윤석, 2021).

밀레니얼(Millennial) 세대를 지칭하는 M 세대(1981~1996년생)는 X 세대와 비교할 때, 디지털 기술과 인터넷 환경 속에서 성장한 '디지털 유목민(Digital Nomad)' 세대다. 이들은 글로벌 금융위기와 경제적 불확실성을 경험하며 노동에 대한 가치관이 변했고, 워크-라이프 밸런스(Work-Life Balance)를 중요하게 여기는 경향이 두드러진다. X 세대에 비해 조직에 대한 충성도가 낮고, 공정성과 투명성을 중시하며, 조직 내 성과급 지급 기준과 보상 체계에 민감하게 반응하는 특성을 보인다(이창현, 2023).

Z 세대(1997~2010년생)는 태어날 때부터 스마트폰과 인공지능(AI) 환경이 일상화된 디지털 네이티브(Digital Native) 세대로, 완전한 개인화를 추구하며, 노동의 가치를 근본적으로 재해석한다. 이들은 파이어족(FIRE, Financial Independence, Retire Early) 같은 조기은퇴 전략을 고려하거나, 다중 직업(N잡) 모델을 활용해 노동을 최소화하려는 경향이 있으며, AI 및 자동화 기술을 활용한 효율적인 삶을 지향한다. 즉, XMZ 세대는 공통적으로 디지털 기술에 익숙한 세대이지만, 기술을 수용하는 방식과 사회적 태도에서 큰 차이를 보이며, 이는 노동시장, 소비문화, 그리고 정보 습득 방식 전반에 걸쳐 영향을 미치고 있다(정혜욱, 2022).

세대별 주요 차이

노동 가치관에서도 세대별 차이가 뚜렷하게 나타난다. X 세대는 조직에 대한 충성도가 높으며, 직장에서 성취를 이루고 경제적 안정을 확보하는 것을 중요한 목표로 삼는다. 이들은 장기적인 경력 설계를 중시하며, 직장에서의 경험과 경력을 쌓아 성장하는 방식을 선호한다. 반면, M 세대는 워크-라이프 밸런스를 핵심 가치로 여기며, 조직보다는 개인의 성취와 실력 향상을 더욱 중시한다. 조직 중심의 직업관을 따르기보다 자신의 역량을 바탕으로 언제든지 자신에게 맞는 직업을 선택할 수 있는 자유를 실현하고자 한다. 따라서 공정한 보상 체계와 투명한 기업 문화를 요구하며, 조직이 개인의 희생을 강요할 경우 과감하게 이직을 선택하는 경향이 강하다. 한편, Z 세대는 노동의 개념 자체를 근본적으로 재해석하며, 전통적인 직장 생활보다 경제적 자유를 더 중요하게 여긴다. 이들은 파이어 전략을 통해 조기 은퇴를 고려하거나, 여러 개의 직업을 병행하는 다중 직업 방식을 선호하며, 노동 시간을 최소화하면서도 효율적인 경제활동을 추구하는 경향이 강하다.

소비 방식에서도 각 세대는 다른 특징을 보인다. X 세대는 브랜드 중심의 소비 성향을 보이며, 대량 생산된 제품과 신뢰할 수 있는 브랜드를 선호한다. 이는 이들이 성장한 시기의 경제적 환경과 맞물려 있으며, 품질과 안정성을 중요하게 여기는 경향이 강하다. M 세대는 가성비(가격 대비 성능)와 경험 소비를 조화롭게 추구하며, 특정 브랜드에 대한 충성도보다는 현재 자신에게 실질적인 만족을 줄 수 있는 경험을 중시한다. 이들은 여행, 팝업 스토어, 파인 다이닝과 같은 경험 중심의 소비에 적극적이며, 공유 경제(에어비앤비 Airbnb 혹은 차량 공유 서비스 등)에도 익숙하다. 반면, Z 세대는 완전한 개인화(Personalization)를 중요하게 여기며, AI 기반 추천 시스템을 활용해 자신만의 취향을 반영한 맞춤형 소비를 지향한다. 또한, 디지털 굿즈, 엔에프티(NFT), 메타버스 경제활동 등 비물질적인 자산에도 관심이 높으며, 기존의 소비 방식을 넘어서 새로운 형태의 경제활동을 모색하는 경향이 강하다. 이러한 차이는 각 세대가 경험한 기술 환경과 경제적 조건이 반영된 결과이며, 향후 AI 및 디지털 기술의 발전에 따라 소비 방식이 더욱 다변화될 가능성이 크다.

이러한 흐름은 교육 방식에서도 확연한 차이를 보인다. X 세대는 책과 문서 중심의 학습 방식에 익숙하며, M 세대는 온라인 강의, 유튜브, 무크(MOOC) 등을 활용해 학습하는 데 익숙하다. Z 세대는 상호작용형 학습 플랫폼, AI 튜터, 챗봇 기반 학습 도구를 활용해 보다 개인화된 학습 경험을 추구한다. 특히 Z 세대는 AI 에이전트의 발전에 힘입어 직접 검색하기보다 AI가 큐레이션한 정보를 받아들이고, 온라인 영상뿐만 아니라 공간 컴퓨팅과 같은 다양한 혁신적 학습 기술을 통해 학습할 가능성이 크다. 이러한 차이는 AI 시대에서 세대별 정보 접근 방식과 기술 수용도의 차이를 더욱 선명하게 드러내고 있다.

그렇다면, 이러한 세대별 차이 속에서 AI라는 현시대의 핵심 기술은 어떻게 발전하고 있을까? AI는 단순한 정보 제공을 넘어, 인간과 상호작용하는 AI 에이전트, 그리고 실제 환경에서 행동하는 피지컬 AI(Physical AI) 같은 휴먼 로보틱스로 진화하고 있다. AI 기술의 발전이 사회와 산업에 미치는 영향과 함께, 세대별 AI 활용 방식이 어떻게 변화하는지 구체적으로 살펴보자.

AI 기술의 발전과 변화

경제적이고 효율적인 생성형 AI에 대한 열망

AI 기술은 단순히 더 나은 알고리즘을 개발하는 것과 동시에, 더 저렴하고 효율적인 AI 모델을 만드는 방향으로 나아가고 있다. 현재 AI 모델들은 높은 연산 비용과 대량의 데이터 처리가 필수적이기 때문에 AI의 대중화를 저해하는 요소로 작용하고 있다. AI가 실질적으로 산업과 사회 전반에 활용되기 위해서는 비용을 줄이면서도 높은 성능을 유지하는 새로운 패러다임이 필요하다. 이러한 흐름 속에서 최근 딥시크(DeepSeek)의 오픈 소스 전략은 AI 기술의 다양성을 확장시키며, AI 기술의 민주화와 범용적 발전을 촉진하는 핵심 요소로 부각되고 있다.

AI를 보다 효율적으로 발전시키기 위한 주요 기술 중 하나는 구글이 개발한 트랜스포머(Transformer) 기반의 대규모 언어 모델(LLM, Large Language Model)이다. 트랜스포머 모델은 언어 데이터를 벡터화해 AI가 문맥을 이해하고, 보다 정교한 자연어 처리를 수행할 수 있도록 돕는 생성형 AI 기술의 근간이라 할 수 있다. 이는 기존의 AI 모델들이 단순히 단어 간의 연관성을 분석하는 수준에 머물렀던 것과 달리, 문장 전체의 의미를 분석하고 맥락을 반영해 보다 자연스러운 답변을 생성할 수 있도록 한다. 구글의 벌트(BERT, Bidirectional Encoder Representations from Transformers)나 오픈AI(OpenAI)의 지피티 (GPT, Generative Pre-trained Transformer)가 이러한 기술을 활용해 발전해 왔다.

그러나 이러한 대규모 언어 모델 기반 AI 모델들은 막대한 연산 자원이 필요하며, 이에 따른 비용 부담이 AI 보급의 가장 큰 걸림돌이 되어 왔다. AI의 학습과 운영에 드는 비용을 줄이기 위해서 최근 리커런스 모델(Recurrence Model)과 같은 새로운 학습 방식이 등장하고 있으며, 이는 AI가 과거의 학습 내용을 지속적으로 참고하며 보다 경제적인 방식으로 정교한 패턴을 형성하도록 돕는다. 이를 통해 AI가 단순한 데이터 양 증가에 의존하는 것이 아니라, 효율적인 학습을 통해 더 적은 비용으로도 고성능을 유지할 수 있도록 발전하고 있다.

이러한 AI 비용 문제를 해결하고, 더 나아가 AI의 대중화와 다양한 AI 서비스 개발을 실현하기 위한 중요한 전략이 딥시크의 오픈 소스화(Open Source) 전략이다. 딥시크는 기존 AI 산업이 몇몇 대형 기업들의 독점적인 영역으로 운영되고 있는 문제를 인식하고, AI 기술을 누구나 개발하고 활용할 수 있도록 개방하는 전략을 채택하고 있다. 이는 AI 시장에서 소수 기업이 구체적인 기술을 공개하지 않은 채 데이터를 독점하고, AI를 중앙 집중적으로 운영해 온 기존 모델을 깨뜨리는 중요한 전환점이 될 수 있다. 딥시크의 오픈 소스 제공을 시작으로 AI 기술 개발의 오픈 소스화가 더욱 대중화된다면, AI 모델의 개발과 활용이 보다 개방적이고 비용 효율적인 방식으로 이루어질 가능성이 커질 것이다(남충현, 2016; 홍준기, 2025).

정확성에 대한 열망과 AI의 정교화: 강화 학습과 인간 피드백의 결합

AI 기술은 단순한 자동화를 넘어, 인간의 사고방식을 보조하고 의사 결정을 지원하는 방향으로 빠르게 발전하고 있다. 초기 AI 모델들은 데이터에 기반한 패턴 인식을 통해 정보를 제공하는 수준에 머물렀지만, 오늘날에는 AI가 보다 정확하고 신뢰할 수 있는 답변을 생성할 수 있도록 하는 정교화 과정이 중요한 연구 과제가 되고 있다. 특히, 강화 학습(RL, Reinforcement Learning)과 인간 피드백을 결합한 학습 방식(RLHF, Reinforcement Learning from Human Feedback)은 AI가 단순한 정보 제공을 넘어 인간에게 보다 유용한 방식으로 발전하는 데 기여하고 있다. 이러한 기술들은 AI의 학습 효율을 극대화하고, 인간과의 상호작용에서 더욱 자연스러운 경험을 제공하는 핵심 요소로 자리 잡고 있다(이항 · 김준환, 2023; Kim et al., 2023).

강화 학습은 AI가 스스로 시행착오를 반복하며 최적의 행동을 학습하는 방식이다. 구체적인 예로, AI에이전트가 환경과 상호작용하면서 특정 행동을 수행하고, 이에 따른 보상(Reward)이나 페널티(Penalty)를 받으며 학습을 진행하는 과정이 이에 해당한다. 보상을 극대화하는 전략을 찾는 것이 강화 학습의 핵심 목표이며, Q-러닝(Q-learning) 등의 알고리즘이 이러한 학습 과정에 활용된다. 자율주행, 로봇 공학, 게임 AI 등과 같이 동적 환경에서 최적의 의사 결정이 필요한 분야에서 강화 학습이 필수적으로 사용된다. 기존의 지도 학습(Supervised Learning)이 정답(Label)과 데이터를 바탕으로 학습하는 방식이라면, 강화 학습은 정해진 정답 없이도 AI가 스스로 가장 효과적인 행동을 찾아낼 수 있다는 점에서 차별성을 가진다(Kim, 2022).

그러나 기존의 강화 학습만으로는 AI가 인간과의 상호작용에서 기대하는 윤리적 기준이나 복잡한 감정을 반영하기 어렵다는 한계를 지닌다. 이에 따라 인간 피드백을 결합한 강화 학습(RLHF)이 도입되었다. 인간 피드백을 결합한 강화 학습은 AI의 학습 과정에서 인간이 평가자의 역할을 수행해 AI 모델의 출력을 조정하는 방식이다. AI가 생성한 답변에 대해 인간이 피드백을 제공하고 순위를 매기면, AI는 이를 학습해 더욱 정교하고 적절한 응답을 생성할 수 있도록 최적화된다. 오픈AI의 챗지피티와 같은 대화형 AI 모델은 인간 피드백을 결합한 강화 학습을 활용해, 보다 인간 친화적이고 정교한 응답을 학습하고 신뢰성 높은 정보를 제공하는 능력을 향상시키고 있다.

AI의 발전이 가속화됨에 따라, 정확성과 신뢰성은 AI가 실질적으로 활용되기 위해 반드시 해결해야 할 문제로 자리 잡고 있다. 특히, 의료, 금융, 법률 등과 같이 높은 수준의 정확성이 요구되는 분야에서는 AI가 단순한 데이터 분석을 넘어서, 신뢰할 수 있는 의사 결정을 보조하는 역할을 해야 한다. 인간 피드백을 결합한 강화 학습은 이러한 문제를 해결하기 위한 중요한 도구로 작용하며, AI가 인간과 협력해 보다 윤리적이고 실용적인 방향으로 발전하는 데 기여하고 있다.

AI 에이전트를 넘어 휴먼 로보틱스로 가기 위한 인간의 뇌 유사품 개발

AI 기술은 단순한 소프트웨어 기반의 분석을 넘어, 실제 인간의 뇌처럼 추론하고 판단하며, 물리적 환경과 상호작용하는 방향으로 나아가고 있다. 초기 AI는 주어진 데이터를 처리하고 분석하는 역할에 집중했지만, 이제는 물리적 환경에서 직접 행동할 수 있는 기술, 즉 휴먼 로보틱스(혹은 피지컬 AI)로 확장되고 있다. 휴먼 로보틱스는 AI가 인간처럼 주변 환경을 감지하고 분석하며, 이를 바탕으로 자율적으로 결정을 내리고 물리적으로 행동하는 능력을 갖추는 것을 의미한다. 이를 위해 로봇 공학, 자율주행, 스마트 디바이스 등의 기술이 급격히 발전하고 있으며, 특히 휴먼 로보틱스 같은 고도화된 AI 시스템의 개발이 가속화되고 있다. 궁극적으로는 AI가 단순한 소프트웨어를 넘어, 인간과 유사한 사고 체계를 가지면서 물리적으로 환경과 상호작용하는 존재로 변화하는 것이 목표가 되고 있다.

이러한 발전의 핵심은 AI가 주어진 환경을 인식하고, 스스로 학습하며, 적절한 판단을 내릴 수 있는 능력을 갖추는 것이다. 기존 AI 모델은 단순한 패턴 인식과 예측을 수행하는 수준에 머물렀으나, 최근에는 인간의 사고방식을 모방하는 방향으로 연구가 진행되고 있다. 특히 연쇄 추론 AI(CoT, Chain of Thought) 기법이 주목받고 있는데, 이 기술은 AI가 논리적 사고 과정을 단계별로 수행할 수 있도록 돕는다. 연쇄 추론 AI 기법을 적용하면, AI는 단순한 답변을 생성하는 것이 아니라, 복잡한 문제를 해결할 때 사고 과정을 구조적으로 나누어 접근하는 방식을 취하게 된다. 이는 인간이 문제를 해결할 때 논리적으로 단계를 나누어 사고하는 방식과 유사하며, AI가 마치 인간의 뇌처럼 작동해, 추론하고 논리적으로 사고하며 판단하는 AI 에이전트의 현실화를 가능하게 한다(박상언 · 강주영, 2023).

휴먼 로보틱스 혹은 피지컬 AI가 현실에서 작동하려면, 단순한 정보 분석 능력을 넘어서 환경을 인식하고 실시간으로 판단을 내리는 AI 에이전트의 기능이 필수적이다. 이를 위해 AI는 센서 및 데이터 수집(Perception & Sensing), 실시간 AI 추론(AI-driven Decision Making), 행동 및 피드백 시스템(Actuation & Control)의 세 가지 요소를 조합해야 한다. 로봇 공학적 측면에서 AI는 카메라와 온도 센서 등의 장치를 통해 환경을 감지하고, 강화 학습과 뉴럴 네트워크를 활용해 최적의 행동을 결정한 뒤, 모터와 유압 시스템을 통해 실제 동작을 수행한다.

이 과정에서 엔비디아(NVIDIA)의 엣지 AI(Edge AI) 같은 첨단 AI 연산 기술이 중요한 역할을 한다. 기존의 AI 시스템은 데이터를 클라우드 서버에서 처리하는 방식이었지만, 엔비디아의 피지컬 AI에서는 즉각적인 판단과 반응 속도가 핵심 요소가 된다. 따라서 AI가 클라우드 없이도 현장에서 직접 연산을 수행할 수 있도록 하는 AI 기술이 발전하고 있으며, 이를 통해 AI가 더욱 빠르고 정교한 의사 결정을 내릴 수 있게 되었다. 엔비디아의 피지컬 AI의 사례에서 보듯, AI가 실시간으로 환경을 분석하고 적응하는 이러한 기술적 진보는 휴먼 로보틱스 개발의 필수 요소로 자리 잡고 있으며, 궁극적으로 AI가 인간과 유사한 형태를 갖추고 자율적으로 움직이는 시대를 앞당기고 있다. 또한, 이러한 발전이 가능하려면 AI

가 단순히 외부 환경을 인식하는 것을 넘어 인간과 유사한 사고방식을 갖추어야 한다. 이를 위해 강화 학습과 인간 피드백을 결합한 정교화된 AI 에이전트가 적용됨으로써, AI가 보다 인간 친화적인 의사 결정을 내릴 수 있도록 개발이 진행될 것이다.

궁극적으로, AI 시대를 관통하며 가까운 미래에 실현될 휴먼 로보틱스 기술은, 인간과 유사한 물리적 형태를 지닌 휴머노이드 로봇에 연쇄 추론 기반의 인공지능 기법과 인간의 피드백이 통합된 학습 방식이 융합됨으로써, 점차 인간에 근접한 사고 과정과 행동 양식을 구현하게 될 것이다. 이는 단순한 챗봇이나 가상 비서의 차원을 넘어, AI가 휴먼 로보틱스의 물리적 구현체로서 자율적으로 환경을 인식하고 움직이며, 인간과의 공존을 지향하는 방향으로 발전하고 있음을 의미한다. 앞으로의 AI 기술은 단순한 자동화를 넘어, 인간과 협력하며 현실 세계에서 실제로 문제를 해결할 수 있는 수준으로 도약하게 될 것이다.

AI 기술이 만드는 XMZ 세대의 변화

AI 기술의 발전과 변화는 단순한 기술적 혁신에 그치는 것이 아니라, XMZ 세대의 생활 방식과 사고방식은 물론

사회적 · 경제적 구조 전반에 걸쳐 영향을 미치고 있다. 특히, 현재와 미래의 산업을 주도할 세대인 X 세대, M 세대, Z 세대는 AI와의 상호작용 방식에서 뚜렷한 차이를 보이며, 이들이 AI를 활용하는 방식이 각 세대의 역할과 정체성을 형성하는 중요한 요인이 되고 있다. AI의 발전을 단순한 기술적 진보로 바라볼 것이 아니라, 이 기술이 XMZ 세대의 삶을 어떻게 변화시키고 있으며, 이 변화가 미래 사회의 구조를 어떻게 재편할 것인지에 대한 논의가 필요하다.

기술 결정론(Technological Determinism)적 관점에서 보면, XMZ 세대는 AI를 단순한 도구로 활용하는 것이 아니라, 이들의 행동 패턴과 삶의 방식을 결정하는 핵심 요소로 작용하고 있다. 기술 결정론이란 기술의 발전이 사회적 변화와 인간의 행동을 결정하는 주요 요인이라는 개념으로, 새로운 기술이 등장하면 그에 따라 사회, 문화, 경제, 정치 등 다양한 영역이 변화하게 된다는 관점이다(White, 1962). 즉, 기술의 발전 방향이 곧 사회 발전의 방향을 규정하며, 새로운 기술이 인간의 사고방식과 행동 양식까지 변화시키는 강력한 힘을 갖는다는 것이다. 이러한 관점에서 볼 때, AI 기술의 발전은 XMZ 세대의 삶을 근본적으로 재편하고 있으며, 단순히 인간이 사용하는 기술이 아니라, XMZ 세대가 정보를 소비하고, 일하고, 소통하는 방식을 결정하는 중요한 요인이 되었다. 따라서 그 영향을 보다 구체적으로 분석하는 것은 필수적이다.

기술 결정론 관점에서 볼 때, AI의 발전이 사회와 인간의 변화를 이끌어온 것은 분명한 사실이다. 그러나 이는 과거에서 현재까지의 기술 영향력을 설명하는 데 집중할 뿐, AI 기술이 미래에 어떠한 방식으로 인간의 삶과 사회에 자리 잡을 것인지에 대한 시각을 제공하지 못한다. 기술의 발전이 사회와 인간의 변화를 주도한다는 기술 결정론적 시각은 여전히 유효하지만, 이에 대응하는 또 다른 관점인 사회 구성주의(Social Constructivism)적 시각을 적용함으로써, 이미 기술적으로 큰 줄기를 형성한 AI 기술과 AI 산업이 인간의 어떠한 필요(Needs)와 사회적 요구에 따라 발전할 것인지에 대한 논의가 필요하다고 생각한다.

사회 구성주의에 따르면, 기술의 발전과 변화는 단순히 기술 자체의 발전 속도나 방향성에 의해 결정되는 것이 아니라, 사회와 인간의 성향, 특징, 그리고 필요에 따라 형성된다. 즉, 기술이 사회를 변화시키는 것이 아니라, 사회적 요구와 인간의 필요에 따라 기술이 발전하고 방향이 정해진다는 것이다(Pinch & Bijker, 1984).

이러한 관점에서 볼 때, 현재 개발되고 있는 인공지능이 사회와 사람들의 삶 속에 적절히 자리 잡고 수용되기 위해서는, 무엇보다도 사회와 인간의 성향과 특성을 정확히 파악하는 것이 필수적이다. 이에 따라, 최근 AI 업계에서는 기술 연구뿐만 아니라 심리학, 사회학, 인류학 등 사회과학 분야의 전문가들을 적극적으로 채용하는 경향이 뚜렷해지고 있다. 이는 AI 기술이 단순한 혁신이 아니라, 인간 사회에 자연스럽게 스며들고 적응해야 하는 존재로 발전해야 한다는 인식을 반영한 것이다. AI가 인간에게 공격적이지 않고, 오히려 인간의 삶을 지원하고 향상시키는 방향으로 발전하기 위해서는, 인간 중심적인 설계와 윤리적 접근이 필수적이라는 점이 점점 더 강조되고 있다.

이러한 흐름 속에서, 현재 AI 산업에서 중요한 역할을 맡고 있는 각 세대의 특성을 면밀히 분석하고 이해하는 것은 AI 기술의 미래 발전 방향을 설정하는 데 필수적인 작업이라 할 수 있다. 2025년 현재, 산업에서 결정권을 가진 중년의 X 세대, 사회의 주축이자 핵심 노동력을 담당하는 M 세대, 그리고 디지털 네이티브로서 앞으로 인공지능 시대를 주도할 Z 세대는 각기 다른 기술 수용 방식과 사회적 역할을 가지고 있다. 따라서 AI가 효과적으로 사회에 안착하고, 세대 간 기술 격차(AI-Divide) 없이 자연스럽게 받아들여지기 위해서는 각 세대의 성향과 가치관을 기반으로 AI의 발전 방향을 설계해야 한다. AI의 미래를 그려가는 과정에서 기술적 혁신뿐만 아니라 사회적 적응과 인간 중심적 설계가 핵심이 되는 시점에 도달한 것이다.

이 책은 이러한 필요성에 따른 글이다. AI가 XMZ 세대의 삶을 어떻게 변화시켜 왔으며, 앞으로 이들 각 세대의 특성과 배경에 따라 어떻게 수용될 것인지, 궁극적으로 이들의 삶을 더욱 나아지게 할 수 있을지를 10개의 분야로 나누어 탐구했다.

1장에서는 XMZ 세대가 지금까지 기술을 어떻게 수용해 왔는지, 그렇다면 이들은 AI를 어떻게 인식하고 받아들였는지 분석한다. 세대마다 기술에 대한 접근 방식과 태도가 다르기 때문에, AI가 XMZ 세대에게 어떻게 인식되고 수용되고 있는지에 대한 심층적 분석을 담고자 한다. 2장에서는 XMZ 세대의 감정과 정서에 초점을 맞춘다. 현대 사회에서 감정과 정서는 개인의 삶에 중요한 영향을 미치며, AI 기술은 이러한 정서적 요소를 어떻게 활용하고 보완해야 인간과의 상호작용에서 더욱 발전할 수 있을지 논의한다. 3장은 현재 AI 기술의 가장 큰 화두 중 하나인 AI 에이전트와 휴먼 로보틱스의 발전 방향이 XMZ 세대의 특성과 요구에 어떻게 맞춰져야 하는지에 대해 다룬다. AI가 단순한 소프트웨어 도구에서 벗어나, 인간과 보다 유기적으로 상호작용할 수 있는 존재로 자리 잡기 위해서는 XMZ 세대가 기대하는 역할을 이해하고 이에 맞춰 설계될 필요가 있다. 4장에서는 검색 서비스의 발전과 그 변화 양상에 대해 다룬다. 구글 검색에 익숙한 X 세대와, AI 기반 추천 시스템과 챗봇, 혹은 초기의 AI 에이전트 중심의 검색 방식을 점점 더 많이 사용하는 MZ 세대가 각기 다른 방식으로 정보를 탐색하는 과정에서 AI는 어떤 방식으로 적응하고 발전하고 있는지 분석한다. 5장은 XMZ 세대가 학교 및 학습 과정에서 어떠한 상황에 놓여 있으며, AI가 이러한 교육 환경에서 어떤 방식으로 활용되고 있는지 탐구한다. AI 기반 학습 플랫폼, 맞춤형 교육 시스템 등의 기술이 XMZ 세대의 학습 패턴을 어떻게 변화시키고 있는지 논의한다. 6장에서는 소비와 쇼핑의 변화를 다룬다. XMZ 세대의 소비 방식은 기술의 발전에 따라 급격하게 변화하고 있다. 특히 AI 기반 추천 시스템, AI 쇼핑 도우미 등의 발전이 소비자 행동에 어떠한 영향을 미치고 있는지 분석한다. 7

장에서는 XMZ 세대의 노동 및 직업 관념과 AI의 관계를 조망한다. XMZ 세대는 기존 세대와는 다른 노동 가치관을 형성하고 있으며, AI가 이러한 변화 속에서 어떻게 일터를 변화시키고, 업무 환경을 개선하며, 기존 직업의 대체 역할을 수행하고 있는지 다룬다. AI 자동화, 원격 근무, AI 기반 생산성 도구 등의 기술이 XMZ 세대의 직업적 정체성과 노동 형태에 미치는 영향을 심층적으로 탐색한다. 8장에서는 뉴스의 공정성을 중심으로 생성형 AI가 만들어 낼 윤리적 이슈들을 XMZ 세대가 어떻게 인식하고 있는지 살피면서, 향후 AI 기반 뉴스 생성과 정보 제공 방식이 어떤 방향으로 나아가야 할지를 분석한다. AI를 통한 뉴스 소비가 증가하면서 정보 편향성, 알고리즘 투명성, 공공성 확보 문제 등이 중요한 논의 주제로 떠오르고 있는 현실에서 XMZ 세대가 이를 어떻게 바라보고 있는지 논의한다. 장에서는 M 세대 다음 세대인 알파(Alpha) 세대에 초점을 맞춘다. 알파 세대는 태어나자마자 AI를 접한 최초의 세대로, 이들에게 AI는 단순한 도구가 아닌 삶의 일부다. 이 세대에게 AI는 어떤 의미를 가지게 될 것이며, 이들의 성장 과정에서 AI는 어떤 역할을 수행해야 할 것인가? 이러한 질문을 바탕으로, 현재까지 파악된 알파 세대의 특성과 이들이 AI를 활용하는 방식, 그리고 AI가 이들의 삶에 미치는 영향을 탐구한다. 마지막으로 10장에서는 세대 간 소통 부족 문제를 지적하며, 이러한 단절을 극복하고 서로를 이해하기 위한 해결책으로 AI의 역할을 조망한다. 기술 발전이 빠르게 이루어지면서, 각 세대 간의 사고방식과 가치관이 점점 더 달라지고 있으며, 이에 따라 세대 간의 공감대 형성이 어려워지고 있다. 이러한 상황 속에서 AI는 단순한 정보 제공을 넘어, 세대 간 소통을 촉진하는 매개체로 작용할 수 있을 것이다. AI가 세대 간 연결을 위해 어떠한 방식으로 발전하고 활용될 수 있을지를 논의하는 것으로 이 책을 마무리한다.

참고문헌

김경준 · 이윤석(2021). IMF 외환위기 이후 한국 사회의 탈도덕화: 공평성, 순수성 변화를 중심으로. ≪한국사회학≫, 55(2), 29-59쪽.

김정욱 외(2023). 인간 피드백 기반 강화학습(RLHF)에서 보상 모델의 효과적인 훈련방법에 관한 연구. 제35회 한글 및 한국어 정보처리 학술대회 논문집, 245-250쪽.

김중헌(2022). 심층 강화 학습 기술 동향. 한국방송 · 미디어공학회. ≪방송과 미디어≫, 27(2), 26-34쪽.

남충현(2016). 오픈소스 AI: 인공지능 생태계와 오픈 이노베이션. 정보통신정책연구원, ≪KISDI Primium Report≫, 2016(10), 1-23쪽.

박상언 · 강주영(2023). ChatGPT 및 거대언어모델의 추론 능력 향상을 위한 프롬프트 엔지니어링 방법론 및 연구 현황 분석. ≪지능정보연구≫, 29(4), 287-308쪽.

이창현(2023). Z세대의 핸드폰 및 폰 카메라 인식과 사진 문해력에 대한 연구. ≪디지털콘텐츠학회논문지≫, 24(5), 1091-1097쪽.

이항 · 김준환(2023). 통합기술수용모델이 챗 GPT 이용자의 디지털리터러시와 수용의도에 미치는 영향. ≪융복합지식학회논문지≫, 11(2), 33-43쪽.

정혜욱(2022). Z 세대들의 인스타그램 기반 퍼스널 브랜딩 실행과 사회적 함의. ≪디자인융복합연구≫(구. 인포디자인이슈), 21(1), 83-102쪽.

홍준기(2025.2.6). 빅테크들, 딥시크 충격에 떤다고? "저렴한 선택지 늘어 좋아". ≪조선경제 WEEKLY BIZ≫, https://www.chosun.com/economy/weeklybiz/2025/02/06/3KGIHT7CC5HOZLFPSWFGFKZ52A/

Pinch, T. J. & Bijker, W. E.(1984). The Social construction of facts and artefacts: Or how the sociology of science and the sociology of technology might benefit each other. *Social studies of science*, 14(3), pp.399-441.

White, L.(1962). *Medieval technology and social change*. Oxford University Press.

01
MZ 세대의 AI 인식, 태도, 수용

X 세대, M 세대, Z 세대는 각기 다른 디지털 경험과 사회적 배경 속에서 AI에 대한 인식과 수용 방식에서 뚜렷한 차이를 보인다. X 세대는 보완적 도구로, M 세대는 경쟁력 강화 수단으로, Z 세대는 일상적 동반자이자 비판적 감시 대상으로 AI를 인식한다. 세대별 AI 수용 태도의 차이를 분석하고, 기술 진화와 세대 간 관계 변화의 의미를 학문적으로 조명하고자 한다.

AI와 1인 창업?

AI에 대한 세대별 인식과 태도의 차이

AI가 일상과 산업 전반에 걸쳐 빠르게 확산되면서, X 세대, M 세대, Z 세대는 각각의 사회적, 기술적 경험을 바탕으로 AI에 대한 상이한 인식을 형성하고 있다. X 세대는 디지털 이민자(Digital Immigrant)로서 AI를 '새로운 도구'로 인식하며, 기존의 업무 방식과 기술 환경에 AI를 점진적으로 적용하려는 경향이 강하다. 이들은 AI의 활용을 생산성 향상의 도구로 여기지만, 기술에 대한 불확실성과 윤리적 문제에 대해 신중한 태도를 보인다. 특히, AI가 인간의 역할을 대체할 가능성에 대해 우려를 표하며, AI를 제한적으로 사용해야 한다는 입장을 지지하는 경우가 많다(노영희, 2014).

반면, M 세대는 디지털 환경에서 성장한 세대임에도 불구하고, AI와의 전면적 공존보다는 도구적 활용에 보다 중점을 두는 경향을 보인다. 이들은 AI의 효용성과 편의성에 대해서는 X 세대보다 긍정적인 평가를 내리지만, 'AI가 인간보다 더 우수한 판단을 내릴 수 있는가'라는 질문에 대해서는 여전히 일정 수준의 유보적 태도를 견지한다. 또한 M 세대는 AI 기반의 업무 자동화가 생산성 제고에 기여할 것이라는 점에서는 기대감을 보이지만, 기술 의존도가 심화될수록 인간 고유의 창의성과 비판적 사고 역량이 약화될 가능성에 대해 지속적인 우려를 표출할 가능성이 높다.

Z 세대는 AI와 디지털 기술을 당연한 환경으로 받아들이는 디지털 네이티브 세대이며, AI를 삶의 일부로 자연스럽게 수용하는 경향이 강하다. 특히, AI 기반의 개인화된 서비스와 알고리즘 추천 시스템에 익숙한 이들은 AI를 단순한 기술이 아닌 '동반자'로 인식하며, 감성적이고 직관적인 방식으로 AI를 활용할 가능성이 높다. 그러나 AI의 윤리적 문제나 데이터 프라이버시 문제에 민감하게 반응하며, AI의 신뢰성과 투명성을 중요한 요소로 고려한다. 이러한 태도는 AI 수용 과정에서 Z 세대가 보다 적극적인 참여와 요구를 나타내는 배경이 된다 (유익상, 2023).

AI 수용 패턴

AI 수용 패턴을 분석할 때, 기술에 대한 신뢰(Trust in AI)와 윤리적 고려(Ethical Concerns)가 세대별로 상이하게 나타나며, 이 두 요소가 각 세대의 AI 수용 방식에 중요한 영향을 미치는 핵심 요인으로 작용한다. 기존의 기술 수용 모델(TAM, Technology Acceptance Model ; UTAUT, Unified Theory of Acceptance and Use of

Technology)을 확장한 연구들에서도, AI 기술의 신뢰성, 윤리적 안정성, 그리고 AI 도입에 따른 인간의 자율성 감소에 대한 우려가 AI 수용과 활용에 유의미한 영향을 미친다고 분석된 바 있다(전찬영 외, 2024; 정준화, 2024).

기술에 대한 불확실성과 윤리적 문제에 대해 신중한 태도를 보이는 X 세대는 AI의 의사 결정 과정에서의 투명성과 신뢰성을 중시하며, 특히 AI의 윤리적 기준이 명확히 확립되지 않은 상황에서는 적극적 수용에 소극적인 태도를 보이는 경향이 뚜렷하다. 이는 X 세대가 아날로그 환경에서 디지털 환경으로 이행하는 전환기를 경험한 세대로서, 기술 변화에 대한 학습 경험을 보유하고 있으면서도, 동시에 새로운 기술 변화에 대한 심리적 저항감 역시 내재되어 있음을 시사한다.

특히, 생성형 AI의 급속한 발전이 진행되는 현시점에서, X 세대는 이미 중장년층에 진입한 세대로서, M 세대와 Z 세대에 비해 AI 수용 과정에서의 적응력과 유연성은 상대적으로 제한적일 가능성이 높다. 이러한 맥락에서 X 세대는 AI를 업무 수행의 보완 도구로 인식하며, 일정 수준의 효율성 제고 수단으로는 긍정적으로 평가하는 경향을 보인다. 그러나 AI가 업무 전반에 걸쳐 혁신적이고 본질적인 가치를 제공할 것이라는 기대는 높지 않으며, 나아가 AI가 개인의 일상적 삶과 정서적 영역 깊숙이 개입하는 상황에 대해서는 상당한 심리적 거리감과 정서적 저항감을 드러낸다. 이는 X 세대의 AI 수용이 도구적 · 실용적 차원에 주로 국한되며, AI와의 정서적 친화성이나 공존 가능성에 대해서는 비교적 낮은 수용성을 보이는 경향을 시사한다.

M 세대는 AI의 윤리적 문제와 한계를 인식하면서도, 'AI를 활용하지 않으면 경쟁에서 뒤처진다'는 불안감과 위기의식이 내재된 세대이다. 이들은 베이비부머 세대 부모의 영향 아래 성장하면서 '하면 된다'는 가치관을 내면화했으며, 끊임없는 도전과 자기 개발을 중시하는 성향을 보인다. 특히, 경쟁 상황에서 도태되는 것을 극도로 경계하는 특성이 강하게 나타나며, 이러한 특성은 M 세대를 동시대의 흐름과 트렌드에서 소외되는 것에 대한 두려움, 즉 FOMO(Fear of Missing Out) 현상에 더욱 취약한 세대로 만들었다. 이와 같은 맥락에서 M 세대는 AI 활용 능력이 곧 개인의 역량과 경쟁력의 핵심 요소로 자리 잡을 것이라는 인식을 공유하고 있으며, AI를 보다 효과적으로 활용하기 위해 지속적으로 학습하고, 자기 계발의 도구로 적극 수용하고자 하는 태도를 보인다. 다

만 M 세대는 AI 기술의 유용성을 인정하면서도 X 세대만큼 강한 불신을 보이지 않지만, AI의 판단과 결과가 반드시 신뢰할 수 있는 것은 아니라는 점에 대해서는 일정한 경계심을 유지한다(양정은, 2023; 정수연, 2023).

Z 세대는 10대 중반에서 20대 초반의 성장 과정에서 생성형 AI의 등장과 급속한 발전을 직접 경험한 세대로, AI 기술에 대한 수용성과 적응력이 X 세대나 M 세대에 비해 상대적으로 높고, AI에 대한 전반적인 인식에서도 긍정적, 미래지향적인 태도가 점차 강해질 것이다(Dewalska-Opitek et al., 2024). 특히, 극도로 개인화된 삶의 방식을 지향하는 Z 세대에게 AI 기반의 초개인화 서비스는 자신만의 정체성과 취향을 반영해 주는 중요한 기술적 도구로 자리 잡았으며, 이러한 맞춤형 서비스와 콘텐츠 제공은 Z 세대의 높은 만족도와 몰입도를 이끌어내는 핵심 요인으로 작용하고 있다.

그러나 동시에, Z 세대는 AI가 제공하는 초개인화 서비스가 필터 버블(Filter Bubble)을 강화해 정보 접근성 및 다양성을 제한할 가능성에 대해 우려하는 이중적 태도를 지닌다. 이들은 AI가 개인화 서비스를 위해 자신들의 방대한 개인정보를 수집 · 활용한다는 점에서 정보 주체로서의 권리와 개인정보 보호 문제에 민감하게 반응하며, AI가 자신의 취향과 성향을 과도하게 이해하고 예측하는 상황에 대해서는 일정한 불편함과 피로감을 표출하기도 한다. 또한, 기본적으로 공정성과 투명성에 대한 관심과 중요성을 높이 평가하는 성향으로, 알고리즘이 제공하는 서비스의 결과뿐만 아니라, 그 과정과 기준의 투명성 및 공정성을 중시하는 경향이 뚜렷하다. 이에 AI 서비스 과정에서의 알고리즘 투명성 확보를 적극적으로 요구하는 목소리도 점차 강화될 것으로 보인다. 이러한 배경 속에서 Z 세대는 AI를 자신들의 일상과 라이프스타일을 편리하게 관리해 주는 실용적 도구로 인식하면서도, AI의 판단과 추천을 전적으로 신뢰하기보다는 지속적으로 의심하고 검증하려는 비판적 태도를 병행하는 특성을 보인다. 이는 AI와의 친밀한 공존 속에서도 기술에 대한 맹신을 경계하며, 개인의 주체성과 정보 선택권을 유지하고자 하는 Z 세대 특유의 디지털 주체 의식으로 해석될 수 있다(서병완 외, 2024; 양선희, 2020).

미래의 AI 발전 방향성과 XMZ 세대의 대응

X 세대와 AI: 기술 격차에 대한 우려와 도구적 활용의 인식

미래의 X 세대는 AI를 업무 생산성 향상과 조직 운영의 효율성을 제고하는 유용한 도구로 인식하면서도 AI 기술 격차에 대한 우려를 더욱 강하게 표명할 것으로 보인다. 디지털 환경에 상대적으로 익숙한 젊은 세대와 달리, X 세대는 AI 기술 습득 과정에서 심리적 · 인지적 부담을 느끼는 경향이 뚜렷하며, 이는 조직 내 · 외부에서 AI 적응 수준의 격차를 초래하는 원인으로 작용하고 있다. 이러한 격차는 단순히 개인적 차원에 그치지 않고, AI를 능숙하게 활용하는 집단과 그렇지 못한 집단 간의 사회적 불평등으로 이어질 가능성도 내포한다.

또한, X 세대는 AI를 인간의 직관적 판단과 경험을 보완하는 보조적 기술로 인식하는 경향이 강하며, AI가 독자적으로 의사 결정을 수행하기보다는, 인간의 최종 판단을 돕는 보완적 역할에 머물러야 한다는 입장을 견지하고 있다(함동수, 2021). 이와 같은 도구적 수용 태도는 의료, 법률, 금융 등 높은 신뢰성과 정확성을 요구하는 분야에서 더욱 뚜렷하게 나타날 수 있으며, X 세대는 AI 기반 의사 결정이 인간 전문가의 검토와 판단을 반드시 거쳐야 한다는 원칙을 지속적으로 강조한다. 또한, AI와의 공존을 위해 전통적 업무 방식과의 균형을 유지하는 방향을 선호하며, 새로운 기술 습득 과정에서 자신의 경험과 직관이 존중되는 학습 환경을 요구하는 특성을 보일 것이다. 궁극적으로 X 세대는 AI의 발전을 혁신적 기회로 인식하면서도, 인간 고유의 판단력과 경험을 보완하고 강화하는 방향으로 AI가 발전해야 한다는 신념을 유지하고 있으며, 이러한 인식은 향후 AI 수용 및 활용 방식의 기저를 형성하는 핵심 가치로 작용할 가능성이 높다.

M 세대의 AI 수용과 협력 전략: 전략적 활용과 윤리적 성찰의 공존

미래의 M 세대는 AI를 단순히 외부적 변화로 수용하는 데 그치지 않고, 능동적이고 전략적으로 AI와의 협업 방식을 모색하는 세대적 특성을 보일 것이다. 이들은 AI를 업무 효율성 극대화와 개인 역량 강화를 위한 필수적 도구로 인식하며, AI가 단순 보조자를 넘어 전략적 · 창의적 의사 결정을 지원하는 업무적 동반자로 기능해야 한다는 인식을 형성하고 있다. 특히, 자동화가 가능한 반복적 업무는 AI에 맡기고, 인간은 보다 창의적이고 고차원적인 문제 해결과 전략 수립에 집중해야 한다는 역할 분담 인식이 강해질 수 있다. 이러한 맥락에서 M 세대는 프롬프트 엔지니어링(Prompt Engineering)과 같은 AI 활용 역량을 적극적으로 학습하고 내재화함으로써, AI

의 기능을 극대화하고, AI와의 상호작용에서 주도적 위치를 확보하려는 태도를 보일 것이다.

한편, M 세대는 AI 기술의 발전을 환영하면서도, 기술이 사회와 인간에게 미칠 윤리적 · 사회적 영향을 면밀히 검토하는 신중한 태도 역시 견지하고 있다. 특히, AI가 생산성과 효율성이라는 긍정적 기여를 넘어, 사회적 불평등을 심화시키거나 윤리적 문제를 야기하는 방향으로 전개되는 것을 경계하며, AI의 활용과 규범 사이에서 균형을 모색하는 조정자적 역할을 수행할 가능성이 높다. 이처럼 M 세대는 AI를 적극적으로 활용하는 실천적 주체인 동시에, AI의 윤리적 · 사회적 책무를 성찰하는 비판적 감수성을 갖춘 세대로 자리매김하고 있다.

Z 세대와 미래의 AI: 미래 AI 기술의 핵심 개발 세대, 기술적 개방성과 진정성에 대한 갈망

Z 세대는 AI가 일상적 환경으로 자리 잡기 시작한 시대적 배경 속에서 성장한 최초의 세대로, AI에 대한 거부감 없이 자연스럽게 기술을 수용하는 동시에, AI와 인간의 관계를 어떻게 설정할 것인가에 대한 주도적 역할을 수행할 가능성이 높다. 기존 세대가 AI를 도구적 수단으로 인식하거나 일정한 거리를 두고 경계하는 태도를 보이

는 것과 달리, Z 세대는 AI를 창의적 도구이자 협력적 동반자로 적극 활용하는 한편, AI가 인간의 정체성과 자율성을 잠식하는 것을 경계하는 양면적 태도를 형성할 것으로 보인다. 실제로, 오픈AI의 창업자인 샘 올트먼(Sam Altman)과 중국의 대표적 생성형 AI인 딥시크의 핵심 개발자들이 모두 Z 세대에 해당하며, AI 친화적 환경에서 성장한 이들 Z 세대 개발자들은 기존의 고비용 베테랑 개발자들보다 새로운 기술 습득과 환경 적응력이 높아, AI 혁신을 주도하는 핵심 주체로 자리매김하고 있다. 이들이 주도하는 AI 생태계는 후속 세대인 알파 세대의 기술 수용 방식과 태도에도 상당한 영향을 미칠 것으로 전망되며, 이러한 흐름은 AI가 단순한 기술적 진보를 넘어, 세대 간 기술 수용 양상과 기술 생태계의 주도권을 결정하는 핵심 변수로 작용하고 있음을 시사한다.

한편, 아이러니하게도 Z 세대는 AI 기반의 초개인화 서비스와 자동화된 환경을 자연스럽게 수용하면서도, 기술 의존 심화에 대한 경계심과 함께 인간적이고 진정성 있는 경험에 대한 강한 갈망을 동시에 드러낸다. 이들은 AI의 개발이 빠르게 진행되고 있는 현재에도 '디지털 디톡스' 문화 같은, 디지털 환경으로 인한 피로감과 회의감을 적극적으로 표출하고 있으며(김지윤, 2023), 알고리즘에 기반한 획일적 추천 시스템이 제공하는 일률적 경험을 거부하며, 자신만의 고유한 정체성과 창의성을 구현할 수 있는 '진짜 경험'의 가치를 중시하는 경향을 보인다. 이는 미래에 AI가 단순히 데이터 기반의 최적 해법을 제공하는 데 그치는 것이 아니라, 인간 고유의 창조성과 감성을 보완하고 강화하는 방향으로 발전해야 한다는 인식과 맞닿아 있다. 결과적으로 Z 세대는 AI 기술의 수용과 활용에서 가장 능동적인 세대이면서도, 기술과 인간성의 균형을 모색하고, AI가 인간 중심적이고 개별화된 가치를 실현하는 방향으로 진화하도록 조율하는 중요한 세대적 역할을 수행할 것으로 예상된다.

참고문헌

김지윤(2023.10.28). '로그아웃' 할 때가 언제인가를 알고 떠나는 아름다운 그대에게. ≪경향신문≫, https://www.khan.co.kr/article/202310280600011

노영희(2014). 차세대디지털도서관서비스에 대한 Y 세대 이용자의 요구분석 연구. ≪정보관리학회지≫, 31(3), 29-63쪽.

서병완 외(2024). 미래 기술을 접목한 신뢰성 있는 뉴스 서비스 플랫폼에 관한 연구: 블록체인 기술을 중심으로. ≪디지털콘텐츠학회논문지≫, 25(5), 1147-1158쪽.

양선희(2020). 유튜브 저널리즘의 시대, 전통적 저널리즘의 대응현황과 과제. ≪사회과학연구≫, 31(1), 245-262쪽.

양정은(2023). Z 세대와 X 세대는 서로의 커뮤니케이션 능력을 어떻게 평가하는가?. ≪한국콘텐츠학회논문지≫, 23(11), 111-124쪽.

유익상(2023). Z 세대의 특성과 유튜브 체험유형에 관한 연구. ≪조형미디어학≫, 26(1), 2-9쪽.

전찬영 외(2024). 인공지능의 윤리적 자율성 검토와 공익적 시사점. ≪디지털콘텐츠학회논문지≫, 25(4), 909-918쪽.

정수연(2023). 밀레니얼 세대의 스포츠 미디어 소비에서 소외에 대한 두려움(FoMO)이 지속시청의도에 미치는 영향. 박사논문, 서울대학교 대학원.

정준화(2024). 인공지능의 내재적 위험과 입법 · 정책 과제 – 데이터 · 기술 · 이용자를 중심으로, ≪국회입법조사처 NARS 입법 · 정책≫, 제162호, https://www.shinkim.com/newsletter/2025/GA/2025_vol268/links/2025_vol268_306.pdf

함동수(2021). 디지털 리터러시에 대한 세대 효과에 관한 연구. 박사논문, 서울대학교 대학원.

Dewalska-Opitek, Anna et al.(2024). Generation Z's trust toward artificial intelligence: attitudes and opinions. *European research studies journal*, 27(Special Issue B), pp.33-52.

02
AI와 XMZ 세대의 정서적 · 심리적 변화

조직 내에서의 성취와 경쟁을 중시하는 X 세대, 개인의 발전을 중요시하면서 일상의 소소한 행복과 관계적 공감을 추구하는 M 세대, 디지털 피로 속에서 주체적 거리 두기와 진정성을 탐구하는 Z 세대. 이들의 정서적 태도는 AI 시대의 기술 수용 방식과 삶의 가치관에도 깊은 영향을 미친다. 세대별 정서적 특성과 디지털 환경에 대한 심리적 태도를 바탕으로, AI 시대의 감정 교류와 기술 수용의 향방을 학문적으로 조명하고자 한다.

AI와 MBTI?

XMZ 세대별 정서적 · 심리적 차이: '성공' 중심에서 '아보하'까지

X 세대는 경제 성장기와 함께 청년기를 보낸 세대로, 사회와 조직 내에서의 '경쟁'과 '성공'을 삶의 중요한 가치로 여겨 왔다. 이들은 치열한 사회적 경쟁 속에서 살아남기 위해 성취 중심적인 사고방식을 갖게 되었으며, 물질적 성공과 사회적 지위를 확보하는 것이 삶의 목표가 되는 경우가 많았다. '보통의 하루'를 즐기기보다는 보다 나은 미래를 만들기 위한 과정 속에서 하루하루를 살아가야 한다는 인식이 강했다. 이는 경제적 불안정성과 1997년 IMF 금융위기 같은 역사적 사건을 경험하면서 더욱 뿌리 깊게 자리 잡았으며, '안정적인 직장'과 '생존'이 삶의 핵심 가치로 작용하게 되었다.

X 세대는 이러한 환경에서 성장하며, '일'과 '성공'을 삶의 핵심 가치로 설정하고, 성과 창출과 사회적 인정의 획득을 개인적 가치의 중요한 기준으로 삼아 왔다. 기업 내 승진이나 사회적 평가를 통해 개인의 위상이 규정되는 구조 속에서, 이들은 끊임없는 인내와 노력으로 자신의 가치를 증명해야 했다. X 세대의 청년기는 비록 이전 세대인 베이비부머 세대에 비해 개인의 개성과 자아실현에 대한 관심이 확대되기 시작한 시기였지만, 한국 사회

가 경제적 위기를 경험한 시점과 맞물리면서, 개성을 표출하기보다는 사회적 요구와 조직의 기대에 순응하려는 경향이 강화되었다. 개인적 성장과 자기실현의 과정에서도 휴식이나 여유보다는 성과 중심의 업무 수행을 우선시하는 태도를 보였으며, 삶의 만족도 역시 즉각적 행복감보다는 성취한 결과와 미래에 대한 경제적 · 사회적 안정성에서 찾는 경향을 보였다. 이러한 가치관과 삶의 방식은 MZ 세대와 뚜렷하게 대별되어, X 세대는 MZ 세대의 태도를 '노력이 부족하다'거나 '과도하게 안일하다'고 평가하는 경향을 보이기도 한다(김병수 · 문수인, 2024).

정서적, 감성적인 측면에서 많은 부분을 공유하는 M 세대와 Z 세대, 줄여서 MZ 세대(1981년 이후 출생자)는 급변하는 사회 환경 속에서 과도한 경쟁과 누적된 피로를 경험하며 성장한 결과, '아주 보통의 하루'라는 일상적 가치에 대한 선호가 뚜렷하게 나타나는 세대이다. 이들은 성취와 결과 중심의 가치관에서 벗어나, 현재의 행복과 심리적 안정감을 더욱 중시하며, 특별한 성공이나 거대한 목표 달성보다는 일상 속에서 발견할 수 있는 소소한 즐거움을 추구하는 경향을 보인다. 이러한 경향은 '소확행(소소하지만 확실한 행복)'적 관념과 맞물려, 개인의 일상을 공유하고 공감과 위로를 주고받는 소셜 미디어 문화의 확산과 함께 더욱 강화되었다. 소셜 미디어와 각종 온라인 플랫폼을 통해 일상의 작은 순간들을 기록하고 공유하는 것은 단순한 콘텐츠 소비를 넘어, 일상의 소중함을 함께 인식하고 공감하는 사회적 문화로 자리 잡았다. 이는 성취와 경쟁보다 관계 속 공감과 심리적 안정을 보다 중요한 가치로 인식하는 MZ 세대의 특성을 반영하는 동시에, 디지털 플랫폼을 통한 세대적 연대와 문화 형성의 기반이 되고 있다(구미정, 2025; 조규헌, 2023).

이러한 흐름은 구체적인 라이프스타일의 변화에서도 나타나고 있다. 예를 들어, 다양한 피클 레시피 콘텐츠가 소셜 미디어에서 인기를 끄는 현상은 단순한 음식 만들기를 넘어, 절약과 일상 속 소소한 행복을 추구하는 MZ 세대의 생활 방식을 잘 보여준다. 이들은 소소한 일상을 온라인 매체를 통해 타인과 공유하는 데 거리낌이 없으며, 자신의 개성과 취향을 드러내는 방식으로 활용한다(Mathias, 2024). 또한, MZ 세대를 중심으로 형성된 러닝 크루 문화의 확산은 값비싼 장비나 시설이 없어도 가벼운 운동화와 운동복만으로 누구나 쉽게 참여함으로써 신체적 건강뿐만 아니라 일상의 즐거움과 공동체적 유대감을 동시에 추구하는 흐름을 보여준다. 일상의 작은 실천과 공유 문화는 특별한 이벤트나 성취가 아닌 일상 자체를 소중히 여기며, 매일의 삶을 의미 있게 채워가는 것을 핵심 가치로 삼는 MZ 세대의 철학과 문화를 형성하는 데 중요한 역할을 하고 있다. 특히, 코로나19 팬데믹을 겪으며 평범한 일상의 소중함을 재인식하면서 경쟁 중심의 가치관에서 벗어나 현재의 행복과 일상의 지속 가능성을 가장 우선시하게 되었다.

디지털 피로와 AI의 역할 재구성: X 세대의 불편한 골짜기를 넘어 Z 세대의 JOMO까지

X 세대는 AI를 생산성과 효율성 향상을 위한 실용적 도구로 적극적으로 활용하는 데 익숙하지만, AI가 인간의 감정적 역할을 대체하거나 수행하는 데에는 상당한 회의적 시각을 견지한다. 이들은 AI를 정보 탐색, 업무 보조, 데이터 분석 등 기능적 · 기술적 영역에서 유용한 도구로 인식하며, 긍정적으로 수용한다. 그러나 AI가 인간과 감성적 교감을 시도하거나 이를 모방할 경우, 강한 거부감을 드러낼 가능성이 높다. 특히, AI가 인간의 감정을 지나치게 유사하게 모방함으로써 강한 불쾌감을 유발하는 '불편한 골짜기(Uncanny Valley)' 단계에서는 AI

의 수용이 한층 낮아진다(김서광 · 조준동, 2017).

따라서 X 세대는 AI가 인간의 감정을 흉내 내는 방향으로 발전하기보다는, 단순 반복 업무, 정보 처리, 그리고 기술적 효율성 강화에 집중해야 한다는 인식을 공유하고 있다. 그들은 고객 서비스 차원의 감성적 대화나 정서적 교감을 제공하는 AI의 역할에 대해서도 비판적 태도를 보이며, AI의 본질적 가치는 인간적 유사성이 아니라, 정확하고 빠른 정보 제공과 문제 해결 능력에 있다고 판단한다. 이러한 태도는 X 세대가 성장 과정에서 경험한 기술 발전의 역사적 맥락과, 인간 고유의 감정적 교류에 대한 전통적 가치관과 맞물려 형성된 것으로 해석할 수 있다.

M 세대는 AI를 실용적 도구로 적극 수용하는 동시에, 과도한 자동화와 기술 의존이 오히려 인간 삶의 피로도를 가중시킬 수 있다는 우려를 갖고 있다. 이들은 초연결 사회가 제공하는 편리함과 피로감 사이에서 균형을 모색하며, AI 추천 알고리즘을 통해 개인화된 콘텐츠를 소비하는 과정에서 정보 접근성의 향상이라는 장점을 누리는 한편, 'AI가 설계한 세계 안에서만 살아가고 있다'는 폐쇄적 감각에서 비롯된 피로와 거부감을 경험하기도 한다. 이에 따라 M 세대는 AI를 업무 및 일상에서 효

율성을 극대화하는 도구로 적극 활용하면서도, 인간적 경험과 주체성을 회복하기 위한 디지털 디톡스 및 기술 거리 두기를 시도하는 경향을 보인다.

특히, AI가 일부 노동을 대체하는 환경 속에서, M 세대는 일과 삶의 균형(Work-Life Balance)을 핵심 가치로 중시하며, 사람을 상대하는 감정 노동에서 비롯된 정서적 소진과 상처를 최소화하기 위해 AI를 적극적으로 활용하고자 한다. 이러한 태도는 AI가 감정 노동을 대체하는 도구적 유용성을 인정함을 의미한다. 동시에 그들은 AI가 인간적 관계와 정서적 유대감의 본질적 가치를 온전히 대체할 수 없다는 인식을 기반으로, AI의 감정적 상호작용 기능에 대해 X 세대와 유사한 신중하고 비판적인 태도를 견지하면서도, 그 유용성을 부분적으로 인정하고 활용하는 경향을 보인다. 결과적으로, 이들은 AI와 인간적 경험 사이에서 적절한 균형을 유지하는 태도를 취한다(이수연 · 김영국, 2022; 정예지 외, 2016).

Z 세대는 AI가 제공하는 개인화된 경험에 익숙한 세대이지만, M 세대가 경험했던 FOMO(Fear of Missing Out) 문화와 그로 인한 과도한 정보 공유와 디지털 세계로의 과몰입이 초래한 디지털 과부하(Digital Overload)에 대한 반작용으로, 점차 JOMO(Joy of Missing Out),

즉 디지털 소외 자체를 즐기는 심리를 적극적으로 추구하는 경향을 보인다(Eitan & Gazit, 2024). 이러한 JOMO 성향은 AI 기반 서비스와 소셜 미디어로부터 일정한 거리를 두며, 자신이 진정으로 원하는 개인적 경험과 관심사에 보다 집중하려는 움직임으로 나타난다. 이는 AI 추천 시스템이 사용자의 선택을 과도하게 제한하거나, 알고리즘이 설정한 정보 프레임 안에 갇힌다는 인식에서 비롯된 일종의 심리적 반발로 해석할 수 있다. 이러한 성향을 바탕으로 해석해 볼 때, Z 세대는 AI가 제공하는 초개인화된 효율적 탐색 환경을 적극 활용하면서도, 스스로 선택하고 탐구하는 자율적 경험을 중요하게 여기는 양가적 태도를 보일 가능성이 높다.

아울러, Z 세대는 AI 챗봇, 가상 친구, AI 기반 소셜 네트워크 등을 통해 감정적 유대감을 형성하는 데 비교적 자연스러운 태도를 보이는 세대인 동시에, AI가 제공하는 감정적 상호작용의 '진정성(authenticity)'에 대한 깊은 고민을 유지할 세대이기도 하다. X 세대나 M 세대와 비교했을 때, Z 세대는 AI가 인간의 감정을 모방하고 감성적 교감을 시도하는 것에 대해 거부감이 적고, 생활 속 기기들(Internet of Things, IoT)에 스며든 AI와의 감정적 교류와 소통에 익숙할 가능성이 크다. 동시에 이러한 디지털 기술들이 만들어 내는 '가짜' 감정에 대한 경계심을 갖고 있으며, AI가 제공하는 감정적 경험을 진정한 감정으로 인정하지 못하는 비판적 인식을 가질 수 있다. 따라서 Z 세대는 이러한 문제의식을 바탕으로 AI의 감정적 역할과 기술적 한계, 그리고 윤리적 정당성에 대한 세대적 담론을 형성해 나갈 가능성이 높다.

참고문헌

구미정(2025). 아보하 그 너머. ≪새가정≫, 72, 8-12쪽.

김병수 · 문수인(2024). [X 세대는 누구] MZ 부상하며 찬밥신세 취급받다 정 · 재계서 두각…세대교체 주역으로. ≪매경럭스맨≫, (161), 35-37쪽.

김서팡 · 조준동(2017). AI 와의 커뮤니케이션에서 언캐니 밸리 현상 분석. ≪한국 HCI 학회 학술대회≫, 1032-1034쪽.

오기성(2022). MZ세대 통일의식 제고 방안 연구. ≪평화학연구≫, 23(2), 79-101쪽.

이수연 · 김영국(2022). MZ세대 서비스종사자의 조직공정성 지각이 조직몰입 및 이직의도에 미치는 영향: 일과 삶의 균형의 조절효과를 중심으로. ≪관광레저연구≫, 34(10), 115-132쪽.

정예지 외(2016). 일과 삶의 균형(Work-Life Balance)이 직무 성과와 혁신 행동에 미치는 영향: 직무 만족과 생활 만족 간 긍정적 교호작용효과를 중심으로. ≪경영학연구≫, 45(5), 1471-1499쪽.

조규헌(2023). 뉴미디어 시대의 한일 간 문화융합 프로세스에 관한 일고찰 소확행과 일본 여행의 접점. ≪일본연구≫, 39, 227-255쪽.

Eitan, T. & Gazit, T.(2024). The "here and now" effect: JoMO, FoMO and the well-being of social media users. *Online information review*, 48(5), pp.1002-1024.

Mathias, S.(2024.4.17). Gen Z gets pickled with pickles as tangy trend takes over the taste buds. Planet Food News, https://www.planetfood.news/post/gen-z-gets-pickled-with-pickles-as-tangy-trend-takes-over-the-taste-buds

03
XMZ 세대의 AI 에이전트와 휴먼 로보틱스

AI 에이전트와 휴먼 로보틱스는 인간의 삶과 역할을 근본적으로 재구성할 기술 진화의 핵심이다. 급변하는 AI 시대에, XMZ 세대는 상이한 시대적 경험과 기술의 차별적 수용으로 인해, AI와의 관계 또한 대별된다. 이는 미래 기술 설계에 영향을 미치는 중요한 요소다. 세대별 요구와 기대를 반영한 AI 에이전트와 휴먼 로보틱스의 발전 방향을 탐색하고, 세대 간 기술 수용의 차이를 조명하고자 한다.

AI와 난임 극복?

AI 에이전트와 휴먼 로보틱스로의 전환

AI 기술이 급속도로 발전하면서, 인간과 AI의 관계도 변화하고 있다. 과거 AI는 단순한 자동화 도구로 인식되었으나, 이제는 인간과의 정서적 교류, 의사 결정 보조, 생활 전반의 최적화를 지원하는 방향으로 발전하고 있다. 이러한 변화 속에서 각 세대가 AI를 받아들이는 태도와 활용 방식은 세대별 특성에 따라 큰 차이를 보인다. AI 에이전트와 휴먼 로보틱스의 경우, 스스로 생각하고 판단하며, 제안하고, 심지어는 자체 판단에 따라 행동해서, 사람에게 매우 큰 영향을 줄 수 있는 기술이기 때문에 매우 신중하게 받아들여야 하는 기술이다. AI 에이전트와 휴머노이드 로봇은 인간의 삶에서 인간의 역할을 대폭 보조 또는 대체할 것이며, 이러한 변화는 인간의 삶에 그리고 인간의 역할에 엄청난 변화를 가지고 올 것이기 때문이다(박현아 외, 2019; 오지현 · 임소혜, 2023; Vrontis et al., 2023). 그리고 이러한 배경에서, 각기 다른 문화적 배경, 기술 수용 능력, 경향성을 보이는 XMZ 세대는 AI 에이전트와 휴먼 로보틱스에 대한 신뢰와 활용 방식에서 대별된다. AI 에이전트와 휴먼 로보틱스가 발전하려면 이러한 세대별 차이를 반영하고, 각 세대가 기대하는 기능과 역할을 고려해야 한다.

AI 에이전트와 휴먼 로보틱스의 발전 과정

추론하는 AI와 연쇄 추론 AI 기법 개발

추론하는 AI는 단순한 데이터 분류나 패턴 매칭을 넘어, 다양한 정보를 연계해 분석하고 그 속에서 논리적 관계를 추론해 결론을 도출하는 인공지능의 진화된 형태다. 기존 AI가 정형화된 데이터를 학습하고 입력-출력 패턴에 따라 결과를 내놓는 방식이었다면, 추론하는 AI는 복잡한 상황에서 다중 정보를 종합적으로 해석하고, 원인과 결과의 흐름을 파악해 스스로 논리적 근거를 갖춘 답을 제시하는 데 강점이 있다. 특히 의료 분야에서는 환자의 증상, 과거 병력, 최신 의학 연구 데이터 등을 결합해 진단과 치료 방안을 제안하는 등, 인간 전문가와 유사한 사고 흐름을 보여준다. 이러한 추론 AI는 단순 보조 도구가 아닌, 독립적인 의사 결정 파트너로서 역할을 확대하고 있다. 다만, 이런 고도화된 AI일수록 '어떤 과정을 거쳐 이 답을 도출했는가'라는 추론 과정의 투명성 확보가 중요하며, 이는 AI의 신뢰성과 직결되는 문제다.

이때 중요한 기법이 바로 연쇄 추론 AI 기법이다. 연쇄 추론 AI 기법은 AI가 복잡한 문제를 해결할 때, 정답만 바로 제시하는 대신 인간의 사고 흐름처럼 단계별 논리 전개를 명시적으로 보여주는 방식이다. 연쇄 추론 AI 기법은 모델이 스스로 논리적 근거를 명확히 인식하고, 각 단계에서 오류를 최소화할 수 있도록 돕는 역할을 한다. 연구에 따르면, 모델의 규모가 클수록 연쇄 추론 AI 기법의 효과는 더 크게 나타나며, 특히 복잡한 다단계 문제에서 성능 향상 효과가 극대화된다(Masterman et al., 2024). 결국, 추론하는 AI는 연쇄 추론 AI와 같은 기법을 통해 문제 해결력을 높이고, 사람과 AI가 함께 추론 과정에 개입하는 협업 구조로 나아가야만 신뢰성과 활용도를 모두 갖춘 진정한 지능 파트너로 자리 잡을 수 있으며, 이러한 AI야말로 단순히 인간의 뇌의 일정 부분을 흉내 내는 것을 넘어 인간의 뇌의 완벽한 기능을 재현해 낼 수 있는 범용 인공지능(AGI, General Artificial Intelligence) 개발의 가장 중요한 초석이 되고 있다는 평가다.

인간의 뇌에 가까운 AI: 범용 인공지능과 초지능형 인공지능

인간의 뇌에 가까운 AI, 즉 AGI(General Artificial Intelligence)와 인간의 지능을 초월하는 초지능형 인공지능(ASI, Artificial Super Intelligence)은 인간의 인지 능력을 모방해 자율적으로 사고하고 학습할 수 있는 AI를 의미한다. 이러한 AI는 인간의 뇌처럼 복잡한 사고를 수행할 수 있으며, 언어 이해, 감정 인식, 창의적 문제 해결 등 다양한 인간의 정신 활동을 구현하고, 이를 넘어설 가능성도 있다. 범용 인공지능과 초지능형 인공지능의 개발은 궁극적으로 AI가 인간과 유사한 수준, 혹은 그 이상의 사회적 상호작용과 복합적 업무 수행 능력을 갖추는 것을 목표로 한다(윤상오, 2018; 한희원, 2018).

이는 AI가 인간처럼 스스로 사고하고, 추론하며, 판단하는 인간의 인지 과정 전반을 구현할 수 있음을 의미하며, 이러한 범용 인공지능과 초지능형 인공지능의 발전은 궁극적으로 AI 에이전트 완성의 핵심 기반이 된다. 특히, 이러한 기술이 로봇 개발과 결합될 경우, 물리적 형태를 갖춘 휴머노이드 로봇과 완성된 AI 에이전트 기술이 융합되어 인간과 유사한 행동 및 상호작용이 가능한 '휴먼 로보틱스'의 실현을 이끄는 가장 핵심적인 기술로 자리할 것이다. 그러나 이러한 AI 개발 과정은 윤리적 · 기술적 도전 과제를 수반하며, 궁극적 통제 가능성과 안전성 확보라는 문제는 여전히 중요한 과제로 남아 있다(윤상오 외, 2020).

AI 에이전트

AI 에이전트는 인간의 명령이나 요청을 해석하고, 그에 부합하는 작업을 수행하거나 문제를 해결하는 자율적 소프트웨어 시스템을 의미한다. 단순히 정보를 검색·제공하는 기능을 넘어, 사용자의 의도를 정교하게 파악하고, 필요한 데이터를 수집·분석한 후, 최적의 솔루션을 제안하고, 능동적으로 AI 사용자를 위해 제안할 수 있는 역할까지 담당한다. 음성 명령 기반 스마트 홈 기기에서부터 기업의 업무 프로세스를 자동화하는 시스템에 이르기까지, AI 에이전트는 다양한 환경에서 활용 범위를 점차 확대하고 있다. 특히 최근의 AI 에이전트는 사용자 맞춤형 서비스 제공을 위해 개인의 선호, 행동 패턴, 맥락적 정보까지 종합적으로 고려해, 상황에 적합한 결과를 제시하는 방향으로 진화하고 있다. 이러한 AI 에이전트의 핵심 가치는 단순 반복 작업을 넘어, 복합적 의사결정을 지원하고, 인간과의 협업을 통해 효율성과 생산성을 극대화하는 데 있다(Park et al., 2020).

AI 에이전트는 크게 범용적 에이전트와 버티컬 에이전트로 구분된다. 범용적 에이전트는 다양한 종류의 작업을 폭넓게 처리할 수 있는 다기능 시스템으로, 대표적으로 애플(Apple)의 시리(Siri), 구글의 어시스턴트(Google Assistant), 아마존(Amazon)의 알렉사(Alexa)와 같은 개인 비서형 서비스가 이에 해당한다. 반면, 버티컬 에이전트는 특정 분야나 작업에 특화된 AI로, 해당 영역에서 심화된 전문성을 기반으로 높은 효율성을 제공한다. 예를 들어, 깃허브 코파일럿(GitHub Copilot)은 프로그래밍 과정에서 코드 추천과 오류 수정을 지원하는 데 특화되어 있다. 범용적 에이전트는 다방면에서 폭넓은 지원을 제공하는 반면, 버티컬 에이전트는 특정 영역에서의 전문성을 극대화한다는 점에서 상호보완적 관계를 형성하며, 궁극적으로 사용자는 자신의 목적과 필요에 따라 범용적 에이전트와 비디컬 에이전트를 적절히 선택하거나, 두 유형을 유기적으로 결합해 최적의 AI 에이전트 환경을 구축하는 방향으로 나아가고 있다(심용운, 2024).

휴먼 로보틱스

휴먼 로보틱스는 인간의 형태와 동작을 모방해 설계된 로봇으로, 사람과 유사한 방식으로 물리적 환경과 상호작용할 수 있는 기술의 결정체다. 휴머노이드 로봇과 같이 단순히 외형만 사람을 닮은 것이 아니라, 보행, 물체 조작, 언어 소통 등 인간이 수행하는 다양한 활동을 실제로 구현할 수 있도록 개발되고 있다. 특히 재난 현장에서의 구조 활동, 병원에서의 환자 케어 보조, 고령자 돌봄, 고객 응대 서비스, 교육 보조 등 다양한 영역에서 활용 가능성이 주목받고 있다. 휴먼 로보틱스는 인간과 비슷한 수준의 물리적 활동과 환경 적응력을 갖추기 위해 로보틱스 기술, 센서 기술, 인공지능, 강화 학습, 인간-로봇 상호작용(Human-Robot Interaction) 기술이 총망라된 종합적 융합 기술의 산물이다. 따라서 휴먼 로보틱스의 진화는 단순한 기계적 발전을 넘어서, 인간과 기계가 함께 살아가는 미래 사회의 구조적 변화를 이끌 기술로 평가받는다.

2025년 소비자 가전 전시회(CES)에서 엔비디아(NVIDIA) 젠슨 황은 휴먼 로보틱스의 핵심 기술로 피지컬 AI를 강조하며, AI가 실제 물리적 환경에서 자율적으로 판단하고 행동하는 지능형 로봇 생태계 구축 비전을 제시했다. 테슬라 또한 '옵티머스' 프로젝트를 통해 인간의 생활과 작업 공간에 자연스럽게 융합되는 범용 휴먼 로보틱스를 개발하고 있다. 이러한 글로벌 기업들의 적극적 참여는 휴먼 로보틱스로봇의 상용화와 대중화를 가속화해, 인간과 로봇이 공존하는 피지컬 AI 시대의 도래를 앞당기고 있다(Bousetouane, 2025).

XMZ 세대별 AI 에이전트와 휴먼 로보틱스 활용 방식과 요구 사항

X 세대는 아날로그 환경에서 성장해 디지털 전환기를

직접 경험한 세대로, 기술의 편리함과 효율성은 인정하면서도 그로 인한 사회 변화와 인간 역할의 축소에 대한 본능적 경계심을 갖고 있다. 그들은 새로운 기술에 대한 즉각적 수용보다는 충분한 검증과 사회적 합의를 거쳐야만 비로소 신뢰하고 수용하는 보수적 수용 태도가 특징이다. 이러한 경향은 AI 에이전트와 휴먼 로보틱스에 대한 인식에서도 동일하게 드러날 수 있다. X 세대는 AI 에이전트가 제공하는 정보가 신뢰할 수 있는 출처와 전문가 검증을 거친 데이터에 기반해야만 수용 가능하다고 여기며, 특히 의료 · 법률 · 금융 등 고도의 전문성과 정확성이 요구되는 영역에서는 AI가 인간 전문가 이상의 정밀한 분석과 판단 능력을 갖췄다는 확신이 들어야만 신뢰한다. 그들은 휴머노이드 로봇에 대해서도 단순한 가사 보조나 서비스업 분야의 기본적 역할 수행에는 비교적 긍정적 입장을 보일 수 있지만, 인간 고유의 전문성과 판단이 필요한 영역에서 로봇이 인간을 대체하는 것에는 강한 거부감을 드러낼 가능성이 크다. X 세대는 AI와 로봇을 인간을 보완하는 '도구'로 한정해 인식하며, 인간 중심의 사회 질서를 유지하는 범위 내에서만 부분적으로 기술을 수용하는 경향이 뚜렷할 것이다.

M 세대는 인터넷 대중화와 모바일 기기 확산을 모두

경험하면서 X 세대에 비해 디지털 환경에 대한 높은 적응력과 기술 수용성을 갖춘 세대로, 새로운 기술이 개인의 삶과 업무 효율을 높이는 데 실질적 도움을 준다면 이를 주저 없이 수용하는 실용적이고 능동적인 태도를 보인다. 특히 일과 삶의 균형을 중시하는 M 세대에게 AI 에이전트와 휴먼 로보틱스는 반복적이고 비효율적인 업무를 대신 수행해, 개인의 시간과 에너지를 절약해 주는 유용한 도구로 인식된다. 이들은 AI 에이전트를 단순한 정보 제공자가 아닌, 개인의 업무 패턴과 성향을 학습하고 일정 관리, 문서 작성, 데이터 분석, 회의 준비 등 맞춤형 지원을 제공하는 '개인화된 업무 비서'로 기대하며, 이러한 방향으로의 발전에 높은 신뢰와 호응을 보일 가능성이 크다. 휴먼 로보틱스 또한 단순한 오락 기기를 넘어, 생활 편의성 증대, 업무 보조, 육아 지원 등 실질적 가치를 제공하는 방향으로 진화한다면, 자연스럽게 일상에 통합하고 적극적으로 활용될 가능성이 높다. M 세대는 자기 효율을 극대화하고, 삶의 질을 높이는 데 AI 에이전트와 휴먼 로보틱스를 적극 활용할 능동적이고 실용적인 세대라 할 수 있다.

Z 세대는 태어나면서부터 디지털 기기와 함께 성장한 디지털 네이티브 세대로, 기술은 이들에게 단순한 도구

를 넘어 자신의 정체성과 일상의 일부를 구성하는 익숙한 존재다. 이들은 정보 탐색이나 업무 보조 기능을 수행하는 AI뿐 아니라, 자신의 취향과 감성을 이해하고 반영하는 AI 에이전트 및 휴먼 로보틱스에 높은 관심을 보일 것이다. Z 세대는 AI 에이전트가 지속적인 상호작용을 통해 자신의 감정과 기호를 학습하고, 상황에 맞춘 맞춤형 서비스와 정서적 교감을 제공하는 방식에 자연스럽게 익숙해질 가능성이 크다. 단순한 정보 제공자를 넘어, 스트레스 상황에서 위로를 건네고, 고민을 함께 나누며, 감성적 조언까지 제시하는 AI는 Z 세대에게 친구이자 심리적 지지자로 기능할 수 있다. 감성적 연결에 대한 Z 세대의 기대는 휴먼 로보틱스에서도 동일하게 나타난다. 그들은 단순한 기능적 수행자를 넘어, 정서적 교감을 나눌 수 있는 동반자형 로봇에 대한 선호가 높으며, 인간적 관계와 유사한 친밀감을 로봇과의 관계에서도 적극적으로 보일 수 있다. Z 세대는 AI 에이전트와 휴먼 로보틱스를 '감성적 소통과 자기표현의 매개체'로 인식할 가능성이 높다. 이를 통해 자신의 내면을 드러내고, 관계를 확장해 디지털 환경에서 새로운 형태의 관계를 형성하는 데 능동적으로 활용할 세대라 할 수 있다. 이러한 특성은 기존 세대와는 본질적으로 다른 방식으로 인간과 기술의 관계를 재구성해 가는 Z 세대만의 고유한 방향성을 보여준다.

세대별 AI 기술 수용 증가를 위한 혁신 저항 이론의 적용

AI 에이전트와 휴머노이드 로봇이 인간의 삶에 지대한 변화를 야기할 혁신적 기술로 도입된다면 상당한 저항이 예상된다. XMZ 세대의 기술 수용과 저항을 이해하는 데 혁신 저항 이론(Innovation Resistance Theory, Ram & Sheth, 1989)은 유용한 분석 틀을 제공한다. 이 이론은 새로운 기술에 대한 수용성 분석을 기능적 장벽과 심리적 장벽을 통해 분석한다. 기능적 장벽에서는 불확실성, 복잡성, 호환성이 주된 요소이며, 심리적 장벽에서는 전통성, 위험 회피, 이미지가 핵심 요인으로 작용한다. 혁신 저항 이론을 현대의 AI 기술 수용에 적용해 보면, 상대적으로 전통적인 방식에 익숙한 X 세대가 AI 신기술의 수용을 꺼리는 이유를 설명할 수 있다. 특히, AI 기술이 인간의 역할을 대체하거나, 인간 전문가의 판단을 대신하는 것에 대해 거부감을 나타내는 경향이 이를 뒷받침한다.

반재인 · 김성홍(2012)은 혁신 저항을 완화하기 위한 해결책으로 혁신 저항 관리 활동의 핵심 요소인 '구성원의 참여, 체계적 제도, 원활한 의사소통, 경영관리'를 제시한 바 있다. 이러한 요소들은 AI 에이전트와 휴먼 로보틱스의 도입 과정에서도 효과적으로 적용될 수 있으며, 특히 구성원의 참여를 확대함으로써 세대별 요구와 기대를 반영하고 심리적 거부감을 완화하는 것이 중요한 전략이 될 수 있다. X 세대는 신뢰성과 검증 과정에 대한 의견을 제시하고, M 세대는 효율성과 실용성 관점에서 개선점을 제안하며, Z 세대는 감성적 상호작용과 개인화 서비스 측면에서 발전 방향을 모색하는 방식으로 각 세대의 참여와 기여를 유도하는 전략이 필요하다.

아울러, 체계적 제도 구축을 통해 AI와 로봇 도입의 기준과 절차를 명확히 설정하고, 기술 표준화 및 사용자 편의성 강화를 위한 구체적 정책을 마련함으로써, 기술 수용 과정에서 발생할 수 있는 불확실성과 불안 요인을 해소해야 한다. 또한, 기술 도입과 관련된 정확하고 투명한 정보를 지속적으로 제공하고, 세대별 우려와 기대를 반영한 양방향 소통 채널을 운영해 원활한 의사소통을 확보하는 것이 중요하다. 나아가, AI와 휴먼 로보틱스의 도입을 기업의 전략적 목표와 연계해 각 세대 구성원들이 기술 변화의 필요성과 가치를 충분히 이해하도록 하고, 이를 위한 맞춤형 교육과 워크숍을 제공함으로써 기술에 대한 심리적 수용도를 높일 수 있다. 이러한 통합적 접근은 AI 에이전트와 휴먼 로보틱스의 성공적 도입과 활용을 위한 세대별 저항 관리의 핵심 전략으로 기능할 수 있다.

참고문헌

박현아 외(2019). 인공지능 대화형 에이전트의 지능적 속성에 대한 기대와 기대 격차. ≪한국 HCI 학회 논문지≫, 14(1), 15-22쪽.

반재인 · 김성홍(2012). 기업의 혁신저항관리활동이 기술혁신활동과 혁신성과에 미치는 영향. ≪기술혁신학회지≫, 15(3), 627-648쪽.

심용운(2024.10.23). [테크트렌드] 생각하고 움직이는 AI: 성큼 다가온 AI 에이전트의 미래. ≪한경 BUSINESS≫, 86-87쪽.

오지현 · 임소혜(2023). AI 에이전트의 의인화에 따른 이용자의 진정성 인식에 대한 연구: 오정보 정정 효과를 중심으로. ≪한국방송학보≫, 37(5), 195-227쪽.

윤상오 외(2020). 인공지능 기반 자동화행정의 주요 쟁점에 관한 연구. ≪한국공공관리학보≫, 34(3), 109-132쪽.

윤상오(2018). 인공지능 기반 공공서비스의 주요 쟁점에 관한 연구: 챗봇 (ChatBot) 서비스를 중심으로. ≪한국공공관리학보≫, 32(2), 83-104쪽.

한희원(2018). 인공지능(AI)의 법인격 주체 가능성의 이론적 기틀에 대한 기초 연구. ≪중앙법학≫, 20(3), 375-411쪽.

Bousetouane, F.(2025). Physical ai agents: Integrating cognitive intelligence with real-world action. arXiv preprint arXiv:2501.08944.

Masterman, T. et al.(2024). The landscape of emerging ai agent architectures for reasoning, planning, and tool calling: A survey. arXiv preprint arXiv:2404.11584.

Park, A. et al.(2020). Application of ai based chatbot technology in the industry. *Journal of the korea society of computer and information*, 25(7), pp.17-25.

Ram, S., & Sheth, J. N.(1989). Consumer resistance to innovations: The marketing problem and its solutions. *Journal of consumer marketing*, 6(2), pp.5-14.

Vrontis, D. et al.(2023). Artificial intelligence, robotics, advanced technologies and human resource management: a systematic review. *Artificial intelligence and international HRM*, pp.172-201.

04
XMZ 세대의 AI 검색

AI 기술의 발전은 검색 패러다임의 방식을 단순한 키워드 탐색에서 사용자의 의도와 맥락을 반영한 선제적 정보 제공으로 변화시킬 것이다. 디지털 환경에서 성장한 XMZ 세대는 세대별 경험과 정보 습득 방식에 따라 AI 검색 기술에 대한 기대와 요구가 상이하게 나타난다. 이에 따라 AI 기반 검색 시스템에는 세대별 정보 탐색 특성을 반영한 맞춤형 진화가 요구된다.

AI와 사주?

AI 기술이 발전하면서 정보 검색의 패러다임이 급격하게 변화하고 있다. 과거에는 사용자가 직접 키워드를 입력하고 수많은 검색 결과를 비교하며 필요한 정보를 찾아야 했다면, 이제는 AI가 사용자의 의도를 분석해 최적화된 결과를 자동으로 제공하는 방향으로 발전하고 있다. 이러한 변화는 단순한 기술적 진보를 의미하는 것이 아니라, 사용자들의 정보 탐색 방식과 소비 행태를 반영하는 과정이기도 하다. 특히 XMZ 세대는 각기 다른 디지털 환경에서 성장한 만큼, 검색 습관과 기대하는 검색 방식에서도 큰 차이를 보인다. 따라서 AI 기반 검색 시스템은 세대별 요구를 반영한 형태로 발전해야 하며, 이를 통해 보다 효과적이고 직관적인 정보 검색 경험을 제공할 필요가 있다.

AI 검색 기술의 진화와 인간의 정보 접근 방식 변화

AI 기술의 발전은 인간의 검색 능력과 방법에 혁명적인 변화를 가져왔다. 초기 구글과 같은 검색 엔진은 단순한 키워드 기반 검색에서 출발해 사용자가 입력한 단어와 직접적으로 연관된 결과를 반환하는 방식이었다. 그러나 AI의 진화로 인해 검색 기술은 점차 사용자의 의도와 맥락을 이해하고, 이를 바탕으로 보다 정교하고 관련성 높은 정보를 제공하는 방향으로 발전했다. 예를 들어, 연쇄 추론 AI 기법과 같은 발전된 AI 기술은 복잡한 문제 해결 과정에서 단계별로 사고를 진행하게 해, 사용자가 보다 구체적이고 깊이 있는 정보를 얻을 수 있도록 돕는다. 이러한 기술은 AI가 단순한 정보의 수집자에서 문제 해결자로 진화하는 과정을 보여준다.

또한, AI 기술이 검색 증강 생성(RAG, Retrieval-Augmented Generation) 방식으로 발전하면서, 검색과 정보 제공 방식을 혁신적으로 변화시켰다. 검색 증강 생성은 기존의 AI가 가지고 있던 데이터베이스뿐만 아니라 실시간으로 다양한 외부 소스에서 데이터를 검색하고 통합해, 사용자에게 더욱 신뢰성 있고 정확한 정보를 제공한다(전준형 외, 2024). 이는 특히 법률, 의학, 과학 등 지속적으로 정보가 업데이트되는 분야에서 큰 장점을 가진다. AI가 다양한 근거에서 정보를 검색하고 통합하는 능력은 사용자에게 보다 구체적이고 심층적인 답변을 제공한다.

AI 에이전트의 발전은 검색의 개념을 확장시키고 있다. AI 에이전트는 사용자의 검색 패턴, 선호도 및 이전 상호작용을 분석해, 검색을 시작하기도 전에 사용자에게 필요할 정보를 예측해 제공한다. '예측형 검색(Predictive Search)'은 사용자가 정보를 찾아야 하는 번거로움을 줄이면서 보다 효율적으로 필요한 정보를 제공한다. 예를 들어, 글랜(Glean)과 같은 도구는 다양한 플랫폼에서 정보를 통합 검색해 사용자가 필요로 하는 정보를 신속하게 제공하며, 선제적인 추천 능력을 갖추고 있다. 이 기술은 향후 완성형 AI 에이전트 개발의 중요한 초석이 될 것이다.

그러나 AI의 발전이 가져온 검색 자동화와 편의성 향상에도 불구하고, 이러한 기술들은 여러 과제를 안고 있다. AI 기반의 검색과 정보 제공 시스템은 때때로 사실성 오류(factual errors)와 환각 오류(hallucination) 같은 문제를 일으킬 수 있다. 이는 AI가 잘못된 정보를 신뢰성 있는 답변으로 제공할 때 발생하며, 사용자의 신뢰를 손상시킬 수 있다. AI 기술의 발전은 이러한 오류를 최소화해, 정보의 정확성과 신뢰성을 강화하는 방향으로 나아가야 한다(노지현 · 배경만, 2024).

AI 시대의 XMZ 세대의 정보 검색

X 세대의 정보 검색 특성과 AI 검색 기술 수용 조건

X 세대는 디지털 환경의 초창기 변화를 직접 경험한 세

대로, 전통적인 검색 방식에 익숙하며, 여전히 이를 선호하는 경향이 강하다. 이들에게 정보 검색은 주로 구체적인 키워드를 직접 입력하고, 검색 결과 중에서 필요한 정보를 선별 · 탐색하는 방식으로 이루어진다. 이는 구글 검색과 같은 초기 포털 기반의 검색 환경에서 형성된 정보 탐색 습관과 맞닿아 있으며, 디지털 기술 수용 과정에서 비교적 보수적이고 점진적인 태도를 보이는 X 세대의 특성과도 연결된다. 특히, 검색 증강 생성이나 연쇄 추론 AI 기법과 같은 최신 AI 기반 검색 기술이 제공하는 맥락 기반, 상호작용적 검색 경험은 이들에게 즉각적으로 친숙하게 받아들여지기 어려울 가능성이 높다. 이러한 고도화된 검색 기술은 사용자의 검색 의도와 맥락을 정교하게 파악하고, 보다 적합한 정보를 선제적으로 제시하는 데 초점을 두고 있으나, X 세대는 이러한 자동화된 검색 과정에 의존하기보다는 자신의 검색 능력과 판단을 통해 직접 정보를 탐색하는 독립적 방식을 여전히 선호할 것이다(김윤화, 2023).

결국 X 세대에게 정보 검색은 단순한 정보 획득을 넘어, 자신의 필요와 요구에 맞는 정보를 스스로 발굴하고 평가하는 과정에서 주체적 판단력을 확인하는 경험으로 자리 잡아 있다. 따라서 AI 기반 검색 기술의 발전과 확산은 X 세대의 기존 검색 습관과 기술 수용 속도를 면밀히 고려한 방식으로 이루어질 필요가 있다. X 세대는 새로운 기술이 기존의 검색 방식과 어떻게 연계되며, 어떤 실질적 편익을 제공하는지를 충분히 인식할 때 비로소 기술을 수용하는 경향이 강하다. 이에 따라 AI 검색 기술의 개발과 보급 과정에서는 X 세대가 느낄 수 있는 심리적 부담을 완화하고, 전통적 검색 방식과의 연속성을 확보하는 방향으로 설계하는 것이 중요하다. 이러한 세대 맞춤형 접근은 X 세대가 AI 시대의 정보 검색 환경에서도 점진적이지만 안정적으로 적응해 나가는 데 중요한 역할을 할 것이다.

또한, X 세대는 AI가 제공하는 정보에 대한 신뢰도가 다른 세대에 비해 비교적 낮으며, AI의 환각 문제에 대한 인식 또한 강하게 갖고 있다. 이러한 AI의 환각 문제는 최근 많은 개선을 보이고 있지만(정호준 · 김송현, 2025), 생성형 AI 탄생 초기의 상대적으로 불안정한 검색 결과를 경험했던 X 세대는 AI가 제공하는 검색 결과의 부정확성에 대한 선입견을 바꾸기는 쉽지 않을 것이다. 따라서 AI가 생성한 정보를 그대로 수용하기보다는 정보의 신뢰성과 정확성을 보완 · 검증하는 기능이 함께 제공될 때, 수용 가능성이 높아질 것이다. 예를 들어, 퍼플렉시티

(Perplexity)가 제공하는 검색 방식처럼 AI가 특정 검색 결과에 대해 신뢰도 평가와 추가 검토 필요성 여부를 함께 제공하는 방식은 X 세대의 정보 신뢰도 판단에 유용한 근거가 될 수 있다. 이와 함께, X 세대는 AI가 특정 정보를 추천하거나 요약하는 과정에서 어떠한 근거와 논리를 기반으로 해당 결과를 도출했는지를 명확히 설명해 주는 설명 가능성(Explainability)을 중요한 요소로 인식한다. 단순히 결과만을 제공하는 방식은 정보의 출처와 분석 과정에 대한 투명성을 중시하는 X 세대의 정보 탐색 및 평가 방식과 맞지 않기 때문이다. AI 검색이 X 세대의 신뢰를 얻기 위해서는 검색 결과 자체의 품질뿐 아니라, 해당 결과가 도출된 과정과 논리를 투명하게 공개하고, 사용자가 이를 확인·검증할 수 있는 구조를 갖추는 것이 필수적이다(양종모, 2021).

M 세대와 AI 검색: 진화하는 정보 소비 패턴과 예측형 에이전트의 역할

M 세대는 X 세대에 비해 디지털 기술에 익숙하며, AI의 최신 발전을 적극적으로 수용하고 활용하는 세대다. 이들은 고급 AI 기술, 특히 연쇄 추론 AI 기법 및 검색 증강 생성을 활용한 심층적 정보 탐색을 활발히 수행하며, 기

존의 정보 소비 방식을 혁신적으로 변화시킬 수 있는 세대다.

X 세대에 비해 M 세대는 AI 기술의 발전을 일상과 업무 영역에 적극적으로 통합하고 있으며, 연쇄 추론 AI 기법 및 검색 증강 생성과 같은 기술을 활용해 AI의 정보 처리 방식을 보다 자연스럽게 수용하는 경향을 보인다. 특히 검색 증강 생성은 사용자 요청에 기반해 방대한 데이터베이스를 탐색하고, 높은 정확도와 관련성을 갖춘 정보를 제공함으로써 정보 접근성을 한층 강화한 기술이다. AI가 사용자의 질의에 맞춰 필요한 정보를 실시간으로 검색하고 이를 통합, 재구성해 맞춤형 응답을 생성하는 방식은 M 세대가 요구하는 효율성과 신뢰성을 충족하는 검색을 제공할 수 있다. 이러한 장점을 고려할 때, M 세대는 AI 기반 검색 기술을 보다 생산적인 도구로 평가하고 적극 활용할 가능성이 높다.

또한, M 세대는 예측형 AI 에이전트를 통해 정보 접근 방식을 더욱 효율적으로 최적화할 수 있다. 예측형 에이전트는 사용자의 과거 행동 데이터와 현재 상황을 분석해, 사용자가 필요로 할 정보를 사전에 예측하고 적시에 제공하는 방식으로 검색 과정을 대폭 간소화하고, 정보 탐색의 효율성을 극대화하고 있다. 이처럼 AI는 사용자의 검색 패턴과 선호도를 지속적으로 학습하고 분석해, 개인화된 정보와 맥락에 부합하는 맞춤형 정보를 제공함으로써 정보 접근 과정 자체를 사용자 중심으로 혁신하고 있다. 이는 AI가 단순한 정보 제공자에서 사용자의 취향과 맥락을 반영해 능동적으로 정보를 추천하는 스마트 에이전트로 진화하고 있음을 의미한다.

M 세대는 정보 격차로 인해 소외되는 것에 대한 두려움(FOMO)을 내재하고 있으며, 최신 트렌드와 이슈를 실시간으로 확인하고자 하는 욕구가 강하다. 이에 따라 AI 기반 검색 시스템은 실시간 데이터 분석과 트렌드 감지 기능을 통해, 현재 가장 주목받고 있는 콘텐츠나 사회적 이슈를 신속하게 포착하고 사용자에게 제공하는 기능을 갖춰야 한다. 이러한 실시간 정보 제공 기능은 M 세대가 최신 정보를 효과적으로 소비하고, 사회적 흐름에서 뒤처지지 않도록 적극적으로 지원하는 핵심 역할을 담당할 것이다(오미영, 2013; 정수연, 2023).

Z 세대와 AI 검색: 대화를 통한 선제적 검색 형태로의 패러다임 전환

Z 세대는 디지털 환경에서 성장하면서 M 세대보다 AI 기술에 대한 기대 수준이 높고, 정보를 탐색하는 방식에

서도 전통적인 검색 행태를 넘어선 새로운 접근 방식을 요구하는 세대이다. 이들은 키워드를 입력하고, 검색 결과에서 필요한 정보를 선별하는 수동적 방식보다는 AI가 개인의 행동, 선호, 맥락을 실시간으로 분석해 사용자조차 인지하지 못한 정보까지 선제적으로 제공하는 능동적이고 예측적인 정보 발견 방식을 선호한다. Z 세대의 AI 검색 경험은 단순히 사용자가 원하는 정보를 제공하는 것을 넘어, AI가 사용자의 관심과 행동 패턴을 분석해 숨겨진 필요(Needs)와 잠재적 관심 영역까지 탐색하고 제시하는 방식으로 발전할 가능성이 높다. 이는 M 세대의 검색 방식보다 더욱 강화된 형태의 검색을 의미하며, 기존의 검색 패러다임을 넘어, 사용자가 명확한 요구를 인식하기도 전에 AI가 먼저 관련 정보를 선별하고 추천하는 '선제적 검색(Proactive Search)'의 형태로 구체화될 것이다.

더불어, Z 세대는 AI와의 상호작용을 통한 정보 탐색 과정 자체를 하나의 경험으로 인식하며, 이로 인해 대화형 검색 기술의 중요성이 더욱 부각될 수 있다. Z 세대는 AI가 단순한 결과 제공자에서 벗어나, 사용자와의 연속적 대화를 통해 맥락과 의도를 심층적으로 파악하고, 이를 바탕으로 맞춤형 정보를 정교하게 제공해 주는 방식을 기대할 것이며, 이러한 방식을 구현해 내는 AI에게 높은 친밀감과 만족감을 느끼게 될 것이다. AI가 초기 검색 질의에 기반해 추가 질문을 던지고, 사용자의 응답을 반영해 정보의 방향성과 깊이를 조정하는 상호작용적 검색 과정은, 정보 탐색을 보다 개인화된 경험으로 만들어 Z 세대의 정보 소비 패턴과 정서적 선호에 부합하는 검색 결과를 제공할 수 있음을 의미한다. 결국, Z 세대의 AI 검색은 단순한 정보 제공을 넘어, 사용자와 AI가 함께 만들어 가는 대화형 정보 발견의 과정으로 자리 잡고 있으며, 이는 미래 AI 검색 패러다임의 핵심적 방향성을 제시하는 동시에 AI가 사용자 경험을 다층적으로 풍부하게 구성할 중요한 기반이 될 것이다.

참고문헌

김윤화(2023). MZ세대의 미디어 이용 특징. 정보통신정책연구원. ≪KISDI STAT Report≫, 23(11), 1-7쪽.

노지현 · 배경만(2024). 생성형 모델의 신뢰성 향상에 관한 연구 동향. ≪정보과학회지≫, 42(4), 13-18쪽.

양종모(2021). 재범의 위험성 예측 알고리즘과 설명가능성 및 공정성의 문제. ≪형사법의 신동향≫, (70), 207-240쪽.

오미영(2013). SNS 회의론(懷疑論): SNS 이용 거부 징후에 대한 탐색적 고찰. ≪현상과인식≫, 37(4), 187-209쪽.

전준형 외(2024). 웹 애플리케이션 서버 (WAS)에서의 검색 증강 생성

(RAG) 기술을 이용한 지식 기반 QA 문제 해결. ≪한국통신학회 학술대회논문집≫, 1109-1114쪽.

정수연(2023). 밀레니얼 세대의 스포츠 미디어 소비에서 소외에 대한 두려움(FoMO)이 지속시청의도에 미치는 영향. 서울대학교 대학원 박사논문.

정호준 · 김송현(2025.2.4). 올트먼 '韓 기업과 로봇산업 협력 관심'. ≪매일경제≫, https://www.mk.co.kr/news/it/11232379

05
XMZ 세대의 AI 기반 학습 혁신

AI 기술의 발전은 학습 환경을 개인화·몰입형으로 전환시키면서 정보 탐색과 비판적 사고 과정까지 재구성하는 교육 혁신을 이끌고 있다. XMZ 세대는 기술 수용 태도와 학습 기대에서도 상이하다. AI와 인간 교사의 역할, 교육 격차 문제에 대한 인식에서도 세대별로 상이하다. AI 시대의 교육은 인간 고유의 사고력과 윤리적 판단을 강화하는 방향으로 재설계되어야 하며, 세대별 학습 혁신 전략 역시 차별화된 접근이 요구된다.

AI와 아이돌?

AI 기반 학습 혁신

AI 기반 개인화 학습 시스템의 발전과 학습 격차의 새로운 양상

AI의 발전은 기존의 일괄적이고 표준화된 교육 시스템을 개인 맞춤형 학습 시스템으로 전환시키는 데 결정적인 역할을 하고 있다. 특히 AI는 학생 개개인의 학습 이력, 문제 해결 패턴, 오답 경향, 학습 속도 등을 정밀하게 분석해, 개인별 수준과 필요에 최적화된 학습 콘텐츠와 학습 경로를 제공할 수 있는 방향으로 진화하고 있다. 이러한 개인화 학습은 AI가 단순한 학습 보조 도구에서 벗어나, 학습 계획 수립부터 실시간 진도 관리, 학습 효율 최적화까지 전 과정에 걸쳐 적극적으로 학습하는 형태로 구현되고 있다.

AI가 직접 텍스트를 읽어주고 학습을 유도하는 기술에서부터 리얼타임 API를 통해 실시간 강의 요약과 다국어 번역을 제공하는 시스템에 이르기까지, AI는 학습자의 학습 환경과 학습 방법을 완전히 재구성하고 있다(이지희, 2025). 이러한 개인화 학습의 확산은 한편으로는 학습 격차(AI Divide)를 새로운 형태로 심화시킬 가능성도 존재한다. AI 활용 능력과 접근성이 높은 학생들은 AI 기반의 고도화된 학습 도구를 적극 활용해 학습 효율을 극대화할 수 있는 반면, AI 친화적 환경에서 소외된 학생들은 기존 학습 방식에 머물며 상대적 학습 성과에서 점차 뒤처지는 양극화 현상이 나타날 수 있다. 따라서 AI가 학습 혁신의 기폭제가 되는 동시에, AI 접근성에 따른 새로운 교육 불평등 문제를 야기할 가능성도 함께 고려해야 한다.

학문적 깊이를 추구하는 AI 검색 도구와 비판적 사고 역량의 재구성

AI는 단순한 학습 보조를 넘어, 학술 연구와 심층적 학습 과정에서도 핵심적인 역할을 수행하는 방향으로 발전하고 있다. 퍼플렉시티, 라이너(Liner)와 같은 학문 중심 AI 검색 도구들은 기존의 검색 엔진처럼 키워드 매칭 방식으로 정보를 제공하는 것이 아니라, 학술 데이터베이스와 실시간 논문 검색을 통해 보다 신뢰도 높은 학술적 정보를 제공하는 방식으로 진화하고 있다. AI는 검색 결과의 출처를 명확히 제시하고, 사용자의 질의에 맞춰 연쇄 추론 AI 기법을 통해 복잡한 사고 과정을 단계적으로 보여주며, 단순 정보 검색을 넘어 학문적 논리 전개와 문제 해결 과정 자체를 학습의 일부로 제공한다. 이러한 변화는 학습자들이 정보의 단순 소비에서 벗어나, 정보의 진위 판단과 비판적 해석 역량을 함께 강화하는 방향으로 이어질 가능성이 높다. 그러나 이러한 과정에서도 AI 의존도가 과도하게 높아질 경우, 인간 고유의 비판적 사고 능력이 약화되는 역효과가 나타날 위험도 존재한다.

AI 시대의 학습 공간 확장과 몰입형 학습 경험의 진화

AI는 학습의 공간적, 물리적 한계를 허물고, 학습 경험 자체를 재구성하는 데 큰 영향을 미치고 있다. 기존의 교실 중심 학습 환경에서 벗어나, AI는 가상현실(VR), 증강현실(AR), 메타버스 등과 결합해 몰입형 학습 환경을 구현하고 있다. 특히 티씨엘(TCL)의 레이네오(RayNeo)와 같은 스마트 글라스를 통해 실시간 번역과 공간 컴퓨팅이 결합되면서, 언어 장벽 없이 글로벌 학습 환경에 참여할 수 있는 길이 열리고 있다(Kemeny, 2023). 또한, 증강현실 기반 교육 콘텐츠는 실제 물리적 환경 위에 가상의 학습 정보를 겹쳐서 제공함으로써, 단순 정보 습득이 아니라 체험형 학습과 탐구 중심 학습을 강화하는 방향으로 진화하고 있다. 이는 AI가 학습 공간을 교실이라는 물리적 한정 공간에서 벗어나, 시간과 공간의 제약이 없는 초연결 학습 환경으로 확장시키는 흐름을 가속화하고 있다. 나아가, AI 에이전트는 이러한 몰입형 학습 환경에서 학습자의 흥미와 집중도를 실시간으로 분석하고, 학습 난이도와 콘텐츠 구성을 즉각적으로 조정하는 맞춤형 학습 관리 역할까지 수행할 수 있다. 궁극적으로 AI는 물리적 · 가상공간을 넘나드는 초개인화 학습 환경을 구현하고, 학습자가 주도적으로 탐구하고 경험할 수 있는 새로운 학습 패러다임을 정착시켜 나갈 것이다(마송은, 2024).

AI 시대, 인간에게 무엇을 가르쳐야 하는가: 교육 패러다임의 근본적 전환

AI가 인간의 글쓰기, 논리적 사고, 문제 해결, 예술 창작과 같은 인지적 · 창의적 영역까지 빠르게 침투하면서, 학교 교육은 그 존재 이유와 역할에 대한 근본적 성찰을 요구받고 있다. 전통적으로 교육은 '인간이 더 잘하기 위해 무엇을 가르칠 것인가'라는 목표 아래 구성되어 왔으나, 이제는 AI가 거의 모든 영역에서 인간을 능가할 수 있는 시대가 도래하면서, 교육의 본질적 목적과 방향을 재설정해야 하는 상황에 직면해 있다. 예를 들어, 바둑기사 이세돌 9단이 알파고와의 대국 이후 후학 양성이라는 역할마저 AI에게 넘겨주어야 한다는 판단에 이르러 은퇴를 결심한 사례는, AI가 인간 스승의 자리를 대체할 가능성을 상징적으로 보여준다. 실제로 AI가 학생들의 학습 과정에 직접 개입하고, 문제 풀이와 글쓰기 지도까지 수행하는 시대가 현실화되면서, '무엇을 가르칠 것인가'라는 실천적 고민은 '왜 가르쳐야 하는가'라는 보다 근본적인 교육 철학의 문제로 확장되고 있다.

과거 교육은 정보 습득과 암기, 그리고 축적된 지식을 바탕으로 논리적 사고와 문제 해결 능력을 기르는 데 중점을 두었으나, 이러한 역할은 이미 연쇄 추론 AI 기법 등의 개발로 인해 AI가 더 신속하고 정확하게 수행할 수 있는 영역이 되어 가고 있다. 생성형 AI는 학생들이 작성해야 할 보고서, 에세이, 프로젝트 기획서 작성은 물론, 수학 문제의 풀이 과정과 해설까지 상세하게 제공하며, 개인별 성향에 맞춘 글쓰기까지 가능하게 하고 있다. 이러한 환경에서 여전히 정확한 답을 찾는 법이나 정해진 정답을 암기하는 법을 가르치는 것은 교육적 의미가 점차 약화될 수밖에 없다. 결국, AI 시대의 교육은 지식 전달을 넘어 인간만이 보유할 수 있는 고유한 역량과 사고 능력을 어떻게 강화할 것인가라는 본질적 과제와 마주하게 된다. 비판적 사고, 창의적 문제 정의, 맥락적 해석력, 윤리적 판단과 같은 인간 고유의 역량이 교육의 중심이 되어야 하며, 이제 교육은 '정답을 찾는 법'이 아니라 '올바른 질문을 던지는 법', 'AI가 생성한 결과물의 진위를 검증하는 법', 'AI와 협업해 새로운 가치를 창출하는 방법' 등과 같이, AI를 효과적으로 활용하는 능력 자체가 미래 교육의 핵심으로 자리 잡을 가능성이 높다(최숙영, 2024).

디지털 평준화 시대, 교육의 고급화의 '리얼 경험'과 '인간 보육'으로 이동

AI 기반 맞춤형 교육의 확산으로 개인별 학습 최적화가 보편화되면서 과거 '고급 교육'의 상징이었던 1:1 맞춤 수업은 더 이상 희소한 가치로 인정받기 어렵게 되었다. 경제적인 AI 모델들이 지속적으로 등장하는 현재의 트렌드를 고려할 때, 가까운 미래에는 누구나 저렴한 비용으로 개인화된 수업과 수준 높은 학습 기회를 누릴 수 있는 '디지털 평준화' 시대가 열릴 가능성이 높다. 그러나 역설적으로 이러한 변화는 '고급 교육'이 디지털 학습이 아닌 오프라인에서의 '살아 있는 경험'과 인간 교사를 통한 정서적 교감으로 이동하는 흐름을 강화할 수 있다. 실제로, 디지털 학습 자료와 AI가 생성하는 이미지 및 설명을 활용해 유아기에 동물에 대해 학습시키는 대신, 실제 동물을 직접 보고 만지는 감각적 학습이 더욱 양질의 고급화 된 학습의 형태로 자리 잡고 있는 것이 현실이다

(McCartney & Wadsworth, 2014).

이러한 고급화된 학습의 트렌드는 인간 교사가 아이의 정서와 표정을 섬세하게 읽고 즉각적으로 반응하는 돌봄형 교육이 디지털 학습이 제공할 수 없는 차별화된 가치를 지니며, 상위권 교육 시장에서 프리미엄 교육으로 자리 잡아가게 될 것이다. 결국 AI는 정보와 학습 기회의 평등화를 촉진하는 동시에, 인간적 돌봄과 현장 경험이라는 희소한 교육 자원을 새로운 특권적 교육으로 부상시키면서 향후 교육의 양극화와 계층화를 새로운 흐름으로 만들어 갈 수 있다.

XAI 기반 학습 혁신에 대한 XMZ 세대의 대응 방향

X 세대의 학습 혁신 수용과 대응 방향

X 세대는 디지털 기술의 초기 단계를 경험한 세대로, 새로운 기술에 대한 기본적 이해와 적응 능력을 갖추고 있음에도 불구하고, 전통적 교육 가치에 대한 강한 애착을 동시에 지니고 있다. 이들은 AI 기술이 교육 현장에 도입되는 과정에서 기술적 진보를 수용하는 유연성과 교육의 본질적 가치를 보존하려는 보수적 태도 사이에서 균형을 모색하는 특징을 보일 것이다. 특히, AI가 제공하

는 정보 처리 속도와 범위를 인정하면서도, 인간 고유의 창의성과 비판적 사고, 맥락적 이해와 같은 요소를 여전히 교육의 핵심 가치로 간주하며, AI와 인간 교사가 함께 참여하는 하이브리드(Hybrid) 교육 모델의 가능성에 주목한다. 이러한 균형적 접근은 AI 기술이 교육 도구로 자리 잡아가는 과정에서, 기술 수용의 주체인 X 세대가 교육의 질적 향상과 전통적 가치 보존이라는 두 가지 목표를 어떻게 조화시킬 것인지에 대한 중요한 방향성을 제시한다(김옥현 외, 2025).

한편, AI 기반 교육 기술의 확산은 X 세대에게 새로운 기회와 도전 과제를 동시에 제공하고 있다. 특히, AI 기술의 도입과 활용 수준이 개인과 지역, 계층 간에 차별적으로 나타나면서, 새로운 형태의 교육 격차가 발생할 가능성이 제기된다. 기술적 접근성과 활용 역량이 충분한 환경에 있는 X 세대는 교육 기회의 확대와 학습 효율성 제고라는 혜택을 누릴 수 있는 반면, 디지털 환경에 대한 접근성이 낮거나 신기술 습득에 어려움을 느끼는 경우, 오히려 기술 발전으로 인해 학습 기회에서 배제될 위험이 존재한다. 이러한 격차는 도시와 농촌, 고소득층과 저소득층 간의 교육 불평등을 더욱 심화시키는 요인이 될 수 있으며, 디지털 교육 격차 해소를 위한 정책적 지원과 사회적 관심이 필수적으로 요구된다.

특히, 가상현실, 증강현실, 메타버스 등 몰입형·확장형 학습 경험이 교육 현장에서 점차 확대되는 흐름 속에서, 이러한 신기술에 익숙하지 않거나 접근 기회가 제한된 X 세대는 새로운 학습 환경에 적응하는 데 상당한 어려움을 겪을 가능성이 높다. 따라서 X 세대가 변화하는 교육 환경에서 소외되지 않기 위해서는 AI 및 디지털 교육 기술에 대한 지속적 학습과 역량 강화가 필수적이며, 이를 지원하기 위한 체계적 교육 프로그램과 정책적 뒷받침이 함께 이루어져야 한다. X 세대는 이러한 변화 속에서 자신들의 학습 기회와 더불어 자녀 세대의 교육 환경 변화에도 적극적으로 관심을 기울이며, 세대 간 교육 격차 해소와 교육 기회 균등을 위한 사회적 논의와 정책 수립 과정에 주체적으로 참여할 필요가 있다.

M 세대의 학습 혁신과 AI 활용: 연쇄 추론 AI 기법 기반 학습과 비판적 수용의 균형 모색 가능성

M 세대는 디지털 네이티브의 시작점에 위치한 세대로, 디지털 기술의 발전을 능동적으로 수용하며, 이를 교육, 직업, 일상생활 전반에 걸쳐 적극적으로 활용해 온 특징을 지닌다. 이들은 AI 기술을 개인의 학습과 경력 개발을

위한 핵심 도구로 인식하고 있으며, 특히 개인 맞춤형 학습 자료 추천, 자동화된 학습 관리, 실시간 학습 성과 분석 등 AI가 제공하는 다양한 학습 지원 기능을 통해 자신의 역량과 지식을 효과적으로 강화할 수 있는 방법을 적극적으로 모색할 수 있는 세대이다. 이러한 배경에서 M 세대는 AI 기술의 진화가 가져올 교육 혁신에 대한 기대와 관심이 높은 동시에, AI 기반 교육 환경에서 인간의 학습 과정과 사고력 형성 방식이 어떻게 변화해야 하는지에 대한 고민도 함께 하게 될 것이다.

특히 M 세대는 AI 학습 도구 중 연쇄 추론 AI 기법을 활용한 첨단 학습 방식에 큰 관심을 보일 가능성이 높다. M 세대가 기술 수용력이 높은 청년기에 속했던 시기, AI 기반 학습 기술이 급속도로 발전하면서, 연쇄 추론 AI 기법은 단순한 정답 제시를 넘어 문제 해결의 중간 단계와 논리적 흐름을 단계별로 설명하는 방식으로 진화했다. 이러한 기법은 학습자가 문제 해결 과정 자체를 학습하도록 유도하며, 논리적 사고력을 향상시키는 데 기여하는 기술로, 복잡한 문제를 해결하는 과정에서 AI가 중간 사고 과정까지 제시함으로써 보다 깊이 있는 학습 경험을 제공할 수 있다. 이러한 학습 방식은 정답을 암기하는 기존의 학습 모델과 달리, 논리적 사고력과 문제 해결력을 동시에 강화하는 데 유리하다. M 세대는 이러한 연쇄 추론 AI 기법 기반 학습 도구를 통해 스스로 사고하고 검토하는 능력을 기르는 데 AI의 도움을 받을 수 있고, AI 기술을 단순한 정보 제공 도구가 아닌, 사고력 증진을 위한 협력적 학습 파트너로 인식하는 경향을 보인다(김옥현 외, 2025).

한편, M 세대는 AI 교육 도구에 대해 높은 기대를 가지는 동시에, AI가 갖는 편향성, 정보 왜곡 가능성, 불완전한 신뢰성 문제에 대한 경계심 또한 지니고 있다. 특히 AI가 제시하는 정보가 어떤 데이터를 기반으로 도출된 것인지, 그 과정에서 어떠한 편향적 요소가 개입될 가능성이 있는지를 인지하고 검토하는 비판적 시각을 유지하며, 기술 수용 과정에서 균형 감각을 잃지 않으려는 태도를 보인다. X세 보다는 약한 수준일 수 있으나, 여전히 M 세대는 AI의 혁신적 기능을 최대한 활용하면서도, 기술 의존에 따른 부작용을 경계하며, 인간 고유의 판단력과 비판적 사고력을 유지하는 방향에서 AI와의 공존을 모색하고 있다. 이러한 기술 수용과 비판적 성찰의 균형 감각은 M 세대가 AI 시대의 교육 혁신을 주도하면서도, AI가 학습 과정 전반에 미치는 영향을 면밀히 평가하고 미래 교육 방향을 성숙하게 이끌어가는 데 중요한 기반이 된다.

AI의 통합적 활용에 대한 자연스러운 수용

Z 세대는 디지털 환경에서 태어나고 성장한 세대로, AI 기술을 생활 전반에 자연스럽게 통합하고 적극적으로 활용하는 특징을 보인다. 이들은 AI가 제공하는 맞춤형 학습 경험과 개인화된 교육 환경에 익숙하며, 이를 통한 자기 주도적 학습을 선호하는 경향이 뚜렷하게 나타나게 된다. 특히, AI 기반 학습 플랫폼에서 자신의 학습 경로를 직접 설계하고, 실시간 학습 피드백과 맞춤형 콘텐츠 추천을 통해 학습 효율을 극대화하고자 노력하게 될 것이다. 예를 들어, 웅진 싱크빅의 '북 스토리'처럼 AI가 텍스트를 읽어주고 학습을 유도하는 기술은 학습 과정에서의 진입 장벽을 낮추고, 학습 몰입도를 높이는 새로운 형태의 교육 도구로 자리 잡아가고 있다. 이러한 학습 경험은 Z 세대가 학습 과정 전반에서 AI를 단순한 보조 도구가 아니라, 자기 주도 학습을 지원하는 핵심 파트너로 인식하게 만드는 데 중요한 역할을 하고 있다.

아울러, Z 세대는 AI가 적극 활용된 가상현실이나 증강현실, 메타버스 등, 학습의 게임화(Gamification of Learning) 같은 몰입형 학습 환경에 친밀도와 선호가 높으며, 디지털 게임과 시뮬레이션을 활용한 학습 방식에도 적극적인 태도를 보일 것이다. 이들은 실제와 가상의 경계를 넘나드는 학습 환경에서 보다 높은 학습 몰입감과 동기부여를 경험하며, 이러한 학습 경험을 통해 기존의 정형화된 학습 방식에서 벗어나 보다 능동적이고 탐구적인 학습 태도를 형성해 나갈 수 있다(송준근 · 정재희, 2023; 홍희경, 2021). 한편, Z 세대는 학습 과정에서 데이터 기반 성과 분석과 실시간 피드백을 중시하며, AI가 제공하는 학습 데이터 분석 기능을 활용해 자신의 강점과 약점을 진단하고, 이에 기반한 학습 개선 전략을 설정하는 데 능동적으로 참여할 수 있다. AI 분석 결과에 대한 비판적 해석과 사실 검증을 통해 학습 성과의 신뢰성을 점검하고, AI의 정보 편향성과 오류 가능성에 대한 메타인지적 감수성을 키워가는 과정은 Z 세대의 학습 특성을 구성하는 중요한 요소로 자리 잡게 될 것이다.

참고문헌

김옥현 외(2025). 광고 속 AI에 대한 세대별 수용 차이. ≪미디어 경제와 문화≫, 23(1), 7-47쪽.

마송은(2024). [에듀플러스] [2024 에듀테크 코리아 페어] AI가 바꿀 한국 에듀테크 미래 본다. Etnews,

https://www.etnews.com/20240923000155
송준근 · 정재희(2023). 카노 모델 기반 메타버스 체험 유형별 기능의 품질 요소 평가 – 잘파 (Zalpha) 세대를 중심으로. ≪한국디자인문화학회지≫, 29(4), 229-238쪽.
이지희(2025). 기술과 일상의 혁신, 라스베이거스에 모였다: CES 2025, 한국 900여 개 사 참가. ≪이코노믹리뷰≫, 10-14쪽.
최숙영(2024). 생성형 AI 시대의 미래 인재를 위한 핵심역량 프레임워크와 교육 방안. ≪컴퓨터교육학회 논문지≫, 27(9), 23-33쪽.
홍희경(2021). 메타버스의 교육적 적용을 위한 탐색적 연구. ≪문화와융합≫, 43(9), 1-21쪽.
Kemeny, A.(2023). Virtual and Augmented Reality. *Autonomous Vehicles and Virtual Reality: The New Automobile Industrial Revolution*(pp.33-49). Cham: Springer International Publishing.
McCartney, K. & Wadsworth, B. J.(2014). Environmental Playgrounds: Creating Natural Habitats for Children's Learning. *Journal of Environmental Education*, 45(2), pp.123-136. DOI: 10.1080/00958964.2013.866445

06

AI 시대 XMZ 세대의 소비

AI의 발전은 소비 패턴을 초개인화 · 선제적 추천 중심으로 재편하면서 구매 과정에서 AI 에이전트의 역할을 확대하고 있다. XMZ 세대는 소비 행태와 AI 수용 태도에서도 상이하다. X 세대는 정보 신뢰성을, M 세대는 실용성과 사회적 공유 가치를, Z 세대는 자신만의 정체성과 가치 소비를 중시한다. AI 기반 소비 환경은 세대별 특성을 반영한 맞춤형 서비스와 동시에 윤리적 소비 경험을 강화하는 방향으로 진화할 필요가 있다.

AI와 야구?

AI 발전이 가져온 소비 및 쇼핑의 변화

AI와 현대 소비 패턴의 진화

AI 기술의 발전은 소비자의 쇼핑 습관과 소비 패턴에 근본적인 변화를 가져왔다. 기존의 대면 상거래와 단순 온라인 쇼핑이 주를 이루던 시대에서, AI의 도입으로 개인 맞춤형 쇼핑 경험이 가능하게 되었다. AI 쇼핑 에이전트는 사용자의 구매 이력, 선호도, 사회적 상호작용까지 분석해 사용자에게 최적화된 제품을 추천한다. 이러한 맞춤형 서비스는 효율적인 쇼핑 경험을 제공함과 동시에 사용자의 만족도를 높이며, 소비자는 더 이상 수동적인 정보 수집자가 아니라, AI가 제공하는 심층적인 데이터 분석을 기반으로 깊이 있는 소비 결정을 내릴 수 있다.

미래 소비 패턴의 전망

AI 기술의 지속적인 발전은 미래 소비 패턴에 심대한 변화를 가져올 것이다. AI는 방대한 사용자 데이터를 실시간으로 수집 · 분석하고, 개인의 행동, 감정, 기호의 미묘한 변화까지 정밀하게 포착함으로써, 소비자 맞춤형 서비스 제공 수준을 한층 더 고도화할 것이다. 특히, AI 기반 데이터 분석은 단순한 구매 이력 분석을 넘어, 소비자의 뇌 활동과 감정 반응까지 탐구하는 뉴로마케팅

(Neuromarketing) 기법과 결합되며, 소비자의 무의식적 반응과 선호를 파악해 보다 정교한 마케팅 전략을 수립하는 방향으로 진화하고 있다. 이러한 뉴로마케팅과 AI 분석의 결합은 소비자 자신조차 자각하지 못한 필요를 발굴하고, 이에 최적화된 개인 맞춤형 상품 추천과 서비스 설계를 가능하게 함으로써, 기업의 마케팅 효율성과 소비자 만족도를 동시에 극대화할 것이다(김병희, 2015).

결국 AI는 소비자의 일상적 소비 활동에서부터 건강관리, 라이프스타일 전반에 이르기까지 소비의 모든 영역에서 중심적 역할을 수행하게 되며, 우리의 소비 경험과 의사 결정 과정 자체를 근본적으로 변화시키는 핵심 동력이 될 것이다. AI가 소비자의 신경 반응과 감정 흐름까지 실시간으로 분석하고, 이를 마케팅 및 서비스 설계에 반영하는 뉴로마케팅의 발전은 미래 소비 패턴을 한층 더 개인화·정교화된 방향으로 이끌며, 소비자와 기업 간의 관계를 보다 밀착된 상호작용 구조로 재편할 것이다.

고령화로 인한 헬스케어 관련 소비의 변모

한국의 고령화 시대 트렌드에 힘입어, 건강과 헬스케어

분야에서도 AI의 영향은 점점 커지게 될 것이다. AI 기반 건강 모니터링 도구들은 사용자의 생체 데이터를 실시간으로 분석해 건강 상태를 모니터링하고 사용자의 미래 상태를 예측해, 필요한 경우 조기 경보 시스템을 통해 의료 개입을 촉구하는 시스템이 구축되고 있다. 이러한 기술은 특히 만성질환 관리나 노인 건강관리에 혁신을 가져오고 있으며, 소비자는 자신의 건강 데이터를 기반으로 질환이 심각한 상황에 이르기 전에 보다 정보에 입각한 건강관리 결정을 내릴 수 있다. 또한, 웨어러블 기기와 스마트 피트니스 장비가 AI 기술과 결합되면서 사용자의 운동 패턴과 신체 컨디션을 분석해 맞춤형 운동 계획을 제공함으로써 개인의 건강 목표 달성을 돕고 있다(강한승 외, 2022; 강희석, 2018).

엔터테인먼트 콘텐츠 소비의 변화

엔터테인먼트 분야에서 AI의 영향은 더욱 두드러진다. AI 기술을 통한 콘텐츠 추천 시스템은 사용자의 취향을 정교하게 분석해 개인화된 영화, 음악, TV 프로그램을 추천하며, 이는 전통적인 방송 콘텐츠 소비 방식을 혁신하고 있다. 또한, 가상현실과 증강현실 기술이 결합된 엔터테인먼트 경험은 사용자에게 몰입감 있는 콘텐츠를 제공하며, 이는 전통적인 시청 경험을 넘어서는 새로운 형태의 엔터테인먼트 소비를 창출하고 있다. 예를 들어, 스마트 글라스나 홀로그래피(Holography)를 통해 제공되는 3D 영화, 또는 AI 기술을 활용한 인터랙티브 게임과 콘텐츠는 사용자가 단순한 관객을 넘어 콘텐츠의 일부가 되어 직접 참여하는 경험을 가능하게 한다. 이러한 기술적 진화는 엔터테인먼트 시장에서 새로운 상업적 기회를 창출하며, 몰입형 경험을 기반으로 한 차세대 콘텐츠 소비 방식의 확산을 가속화할 것이다(위상희 · 안형기, 2023).

AI를 통한 소비 패턴 변화에 대한 XMZ 세대의 대응 방향성

X 세대의 신뢰성과 정보 중심 AI 소비 경험

AI 기술이 급격히 성장하는 시기에 중년기를 보내고 있는 X 세대는 소비 과정에서 '정보의 신뢰성과 검증 가능성'을 중요한 가치로 두는 세대이다. 이들은 충동적 소비보다는 철저한 사전 검토와 비교 과정을 거쳐 최적의 선택을 지향하는 경향이 강하다. 이러한 성향은 AI 기반 쇼핑 에이전트(AI Shopping Agent)의 수용 과정에서도 그대로 반영되며, 특히 AI가 상품 추천부터 결제까지 전 과정을 대행하는 방식에 대해 여전히 심리적 거리감을 느낄 가능성이 높다. X 세대는 AI의 자동화된 추천보다는 자신이 직접 정보를 확인하고 검토하는 과정을 신뢰하는 경향을 보이며, AI 소비 경험에서도 정보의 투명성과 객관성을 확보하는 기능이 핵심적인 요소로 작용할 것이다.

특히, AI의 판단에 전적으로 의존해 금전적 거래를 실행하는 방식은 X 세대의 신뢰 기준에 부합하기 어려우며, 이러한 불신은 AI 쇼핑 서비스에 대한 적극적 수용을 저해하는 요인으로 작용할 가능성이 높다. 이에 따라, X 세대에게는 구매 대행형 AI 에이전트보다는 개인의 취향, 관심사, 건강 상태, 생활 패턴 등 종합적 데이터를 기반으로 신뢰할 수 있는 정보를 추천하는 정보 안내형 에이전트가 보다 자연스럽게 수용될 가능성이 크다.

특히, X 세대는 정보, 상품, 서비스에 대한 신뢰성을 중시하는 세대로, AI의 추천 과정에서도 단순히 인기 제품을 나열하는 방식이 아닌, 보다 신뢰도 높은 다층적 정보를 제공받기를 원할 가능성이 크다. 이들은 제품의 원재료, 제조 과정, 사용자 후기, 가격 변동 이력, 전문가 리뷰 등 객관적이고 검증 가능한 정보를 포함한 추천 시스템을 선호하며, AI가 추천의 근거가 되는 데이터 출처와 분석 논리를 투명하게 공개하는 방식이 신뢰 확보의 필수 요소가 될 것이다(The Robin Report, 2025). 이러한 신뢰 기반 정보 추천 서비스는 중년에서 장년으로 넘어가는 X 세대에게 건강 및 웰빙 소비 영역에서도 높은 수요를 형성할 것으로 예상되며, AI가 장기적인 건강 데이터 분석을 통해 개인 맞춤형 건강관리 솔루션을 제시하는 방식은 X 세대의 관심과 수용도를 더욱 높이는 요인이 될 것이다. 다만, 이 과정에서도 데이터 출처와 분석 과정, 추천 기준의 투명성을 확보하는 것이 필수적이며, AI의 추천은 소비자가 최종 판단을 내리는 데 보조적 역할을 수행하는 형태로 자리 잡아야 한다.

아울러, 핵가족의 형태에서 성장했으며 이러한 생활 방식을 유지하는 경향이 있는 X 세대는 AI 기반 스마트홈 환경과 연계된 소비 경험에도 높은 관심을 보일 가능성이 크다. 가정 내 생활 패턴을 분석해 생활용품, 가전 소모품, 주방용품 등을 필요한 시점에 정확하게 추천하는 서비스는 정보 제공과 생활 편의성 향상을 동시에 충족하는 유용한 도구로 활용될 수 있다. 다만, 이러한 서비스 역시 상업적 광고와 정보 추천의 경계를 명확히 구분하고, 사용자의 소비 이력과 실제 필요에 근거한 적절한 추천이 이루어질 때만 긍정적으로 평가될 가능성이 높다. 결국, X 세대에게 AI 쇼핑 에이전트는 구매 대행자가 아닌, 신뢰할 수 있는 정보 큐레이터이자 소비자 주도적 의사 결정을 지원하는 조력자로 자리 잡아야 하며, 이러한 역할과 원칙이 준수될 때 X 세대는 AI 기반 소비 환경을 보다 자연스럽고 긍정적으로 수용할 것이다.

M 세대의 실용성 · 개인화 · 사회적 과시 욕구를 아우르는 AI 소비 경험

M 세대는 개인적 성공과 가정 내 책임을 동시에 감당하는 세대로, 소비 과정에서도 실용성과 효율성, 그리고 개인화된 맞춤 경험을 중시하는 경향이 강하다. 특히 AI 쇼핑 에이전트는 이러한 소비 형태와 밀접하게 연결될 수 있으며, 시간과 비용 절감은 물론 가족 구성원 각각의 필요와 취향을 정교하게 반영한 맞춤형 추천 기능을 통해 높은 수용 가능성을 가진다. 자신의 디지털 정보를 공유하고 이를 기반으로 개인화된 추천을 받는 경험에 X 세대보다 익숙한 M 세대는, 자신과 가족의 소비 이력, 관심사, 정기구독 내역 등 다층적 데이터를 활용해 특정 시기나 상황에 맞춘 테마형 패키지 추천이나 가족 구성원별 맞춤 패키지 구성 같은 형태의 진화된 서비스를 기대한다.

AI는 단순한 상품 추천을 넘어, 가정 내 에너지 소비 패턴, 생활 리듬, 아이의 성장 단계 등을 종합적으로 분석해, 필요한 시점에 최적의 제품과 서비스를 제안하는 가정 맞춤형 소비 컨설턴트로 자리 잡아야 한다. 이러한 AI 기반 소비 경험은 단순한 편의성 제공을 넘어, 개인화된 소비 경험을 통해 M 세대의 실용적 요구와 라이프스타일 관리 욕구를 동시에 충족시키는 방향으로 발전해 나갈 것이다.

아울러, M 세대의 소비는 소셜 미디어를 통한 경험 공유와 적정 수준의 과시 욕구와도 밀접하게 연결되어 있다. 이들은 제품 구매 자체에서 끝나는 것이 아니라, 그 소비 경험을 의미 있는 콘텐츠로 재구성하고 공유하는 데서 소비 가치를 극대화한다. 이에 따라 AI 쇼핑 에이전트는 상품 추천 과정에서 다른 소비자의 리뷰, 소셜 미디어에서 화제가 된 제품 순위, 인플루언서 후기 등 사회적 데이터를 적극적으로 결합해 추천의 신뢰도와 설득력을 높일 필요가 있다. 더 나아가, 소비 과정에서 생성되는 언박싱 영상, 리뷰 작성, 경험 공유 콘텐츠 제작 등을 AI가 지원하는 방식으로 진화할 경우, M 세대는 AI를 단순한 쇼핑 도우미가 아닌, 소비의 사회적 의미와 가치를 극대화하는 소셜 소비 큐레이터로 인식할 가능성이 높다.

결국, M 세대에게 AI 쇼핑 에이전트는 개인화, 최적화, 사회적 연결이라는 세 가지 축을 중심으로 진화해야 하며, 이러한 복합적 기능을 갖춘 AI만이 M 세대의 핵심 소비 파트너로 자리매김할 수 있을 것이다(장나연 외, 2022).

Z 세대의 AI와 공존하는 초개인화 · 선제적 소비 패턴의 진화

Z 세대는 AI와 함께 성장한 최초의 세대로, AI와의 상호작용을 통해 자신의 감각 정보를 포함한 다양한 정보를 제공하는 데 익숙하며, 정보 탐색과 소비 과정에서 AI의 개입을 자연스러운 인상으로 받아들인다. 필요할 때만 검색하는 기존의 방식에서 벗어나, AI가 개인의 취향, 라이프스타일, 일상적 맥락을 지속적으로 학습해, 적절한 순간에 필요한 제품과 서비스를 선제적으로 추천하는 '발견 기반 소비(discovery commerce)' 환경에 대한 친밀감과 선호가 이전 세대보다 높다. 이러한 소비 방식은 단순히 데이터 기반 추천을 넘어, Z 세대가 AI와의 상호작용을 통해 제공하는 감각적 정보, 소셜 미디어 활동, 위치 정보, 친구들의 소비 패턴, 기후와 지역 이벤트 일정 등 맥락적 정보를 종합적으로 반영하는 정교한 큐레이션으로 진화하고 있다.

특히, Z 세대는 AI가 자신을 단순 '소비자'로 규정하는 것이 아니라, 개인의 정체성, 가치관, 취향까지 깊이 이해하고 그에 맞는 제품과 서비스를 추천해 주는 '라이프스타일 큐레이터'로서 역할을 할 것을 기대한다. 이러한 과정에서 뉴로마케팅 기법이 접목되며, AI는 소비자의 표면적 관심사뿐 아니라, 뇌파 분석, 생리적 반응, 무의식적 감정 변화까지 포착해 소비자의 잠재적 니즈를 발굴하고, 보다 직관적이고 감각적으로 소비 욕구를 자극하는 방식으로 진화하고 있다(김민송 · 김정열, 2021; 용예지 · 김우혁, 2024).

Z 세대는 소비 과정에서 개인적 개성과 취향을 드러내는 것을 중시하며, M 세대가 지향하는 과도한 과시 문화에는 피로감을 느끼는 경향이 강하다. AI 쇼핑 에이전트는 이러한 특성을 반영해, 단순히 유행을 따르는 제품이나 고가의 명품을 추천하는 대신, '나만의 가치'를 반영한 소규모 창작물, 친환경 · 윤리적 가치가 담긴 제품, 사회적 의미를 지닌 브랜드 등 가치 소비 성향을 적극적으로 반영하는 방향으로 진화해야 한다. 이 과정에서도 뉴로마케팅 기술은 중요한 역할을 할 것이다. 소비자의 관심을 끌어내는 초기 단계에서부터 실제 구매로 이어지는 과정까지, 시각적 · 청각적 자극과 감정적 반응 데

이터를 AI가 실시간으로 분석해, 소비자가 무의식적으로 끌리는 요소를 파악하고 이에 맞춘 콘텐츠와 제품 추천을 제공하는 것이다. 이러한 정교한 감각 마케팅은 Z세대가 자신의 정체성에 부합하는 제품을 선택하는 과정에서 큰 영향을 미치며, 단순히 필요를 충족하는 소비가 아니라, 자기표현과 라이프스타일 구성의 일부로서 소비를 인식하게 만든다(김장현 · 이유림, 2021).

참고문헌

강한승 외(2022). 디지털 헬스 산업의 글로벌 동향과 전략적 발전방안에 대한 연구. ≪e-비즈니스연구≫, 23(5), 227-241쪽.

강희석(2018). 고령화 사회와 환대산업의 전망. ≪한국엔터테인먼트산업학회지≫, 10(1), 10-16쪽.

김민송 · 김정열(2021). 패션 온라인 쇼핑몰의 AI 추천 서비스 만족도 연구-MZ세대를 중심으로. ≪한국디자인문화학회지≫, 27(3), 15-26쪽.

김병희(2015). 『스마트 시대의 광고 문화』. 커뮤니케이션북스.

김장현 · 이유림(2021). Z 세대의 패션 명품 소비에 관한 연구. ≪한국산학기술학회 논문지≫, 22(12), 124-134쪽.

용예지 · 김우혁(2024). AI 추천서비스 기반 상품구매 경험자의 자기결정성이 소비만족 및 재구매의도에 미치는 영향: 소비자의 연령 및 성별을 조절변수로. ≪생활과학연구논총≫, 28(1), 73-91쪽.

위상희 · 안형기(2023). 홀로그래피 기술을 활용한 AI 도슨트 분석 연구. ≪한국콘텐츠학회논문지≫, 23(12), 46-57쪽.

장나연 외(2022). MZ세대의 자기애성향, SNS 이용동기, 과시적

여가소비의 관계. ≪한국여가레크리에이션학회지≫, 46(3), 53-64쪽.

The Robin Report(2025.2.10). OK Gen X: Purchasing Behavior of the Sandwich Generation. *The Robin Report*, https://therobinreport.com/ok-gen-x-purchasing-behavior-of-the-sandwich-generation/

07
AI 시대 XMZ 세대의 노동과 일

AI의 확산은 노동의 개념과 구조를 근본적으로 재구성하면서 인간 노동의 의미와 가치에 대한 새로운 성찰을 요구하고 있다. X 세대는 전통적 조직 문화와 성과 중심의 노동 가치를 유지하려는 반면, M 세대는 AI와의 협업을 통해 효율성과 자기 주도적 경력 관리를 추구하고, Z 세대는 AI 기반 자율 노동과 공정성 확보를 중시한다. AI 시대의 노동은 기술 적응을 넘어, 세대별 가치관과 노동관이 복합적으로 얽힌 새로운 질서를 형성해 가고 있다.

AI와 운동주?

AI와 일과 노동의 근본적 변화

AI 시대, 인간 노동의 의미 변화와 패턴의 전환

AI 시대의 도래는 인간의 노동을 구성하는 기본 전제를 근본적으로 뒤흔들고 있다. 산업혁명 이후 노동은 인간의 신체적 · 정신적 역량을 자본과 결합해 가치를 창출하는 활동으로 정의되었지만, AI는 이러한 정의 자체를 재구성하고 있다. AI 격차(AI-Divide)라는 개념이 보여주듯, 일부 경영진과 선도 기업들은 AI를 혁신적 생산성 도구로 적극 도입하고 있는 반면, 상당수의 실무자와 보수적 조직들은 기술적 학습 부담과 직무 불안 속에서 AI를 위협 요소로 인식하는 양극화가 심화되고 있다. 단순 반복적 업무의 자동화는 이미 현실화되었으며, 생성형 AI 기반의 마이크로소프트 코파일럿(Microsoft Copilot) 혹은 커서(Cursor)와 같은 도구들은 기획 · 분석 · 보고서 작성 등 사고 중심 노동 영역마저 빠르게 대체하고 있다. 특히 프롬프트 엔지니어링이라는 새로운 언어적 기술이 노동 과정에 필수적 스킬로 등장하면서, 노동의 본질은 '직접 수행'에서 'AI와의 협업 및 검증'으로 전환되고 있다. 인간은 더 이상 전 과정에 직접 개입하는 생산자가 아니라, AI가 제안한 결과물을 선별 · 조정 · 평가하는 기획자이자 감독자로서의 역할로 이동하고 있으며, 이는 노동의 가치와 의미를 근본적으로 변화시키는 방향으로 작용하고 있다(엄효진 · 이명진, 2020).

노동의 구조적 해체와 재구성

과거 산업사회에서 노동은 '조직'이라는 틀 안에서 계층적 관계와 역할 분담을 통해 이루어졌지만, AI는 이러한 경계를 허물고 노동의 유연화와 개인화를 촉진하고 있다. 특히 MZ 세대는 조직 충성도보다 자신의 성장과 워라밸을 중시하는 경향을 보이며, AI 기반 자동화와 데이터 분석 도구들은 개인이 조직의 자원 없이도 높은 수준의 업무를 수행할 수 있는 환경을 제공하고 있다. MZ 세대는 보고를 위한 보고, 불필요한 대면 회의 등 기존 조직 문화의 비효율을 거부하며, AI를 통해 효율성을 극대화하고, 자신만의 업무흐름을 구성하는 방향으로 이동하고 있다. 국내 대표적인 핀테크 플랫폼 기업인 토스(Toss)의 '셀' 조직처럼, 조직 전체가 아닌 소규모 자율팀이 AI와 결합해 문제를 해결하는 방식은 조직의 수직적 권위 구조를 약화시키고, 개인 주도적 업무 수행을 가능하게 만드는 중요한 흐름으로 자리 잡아가고 있다. 이는 AI가 단순히 노동을 보조하는 역할을 넘어, 개인의 역량과 창의성을 극대화하는, 일터에서의 '디지털 동반자'

로 기능하게 된다는 점에서, 노동의 본질을 기존의 수동적 생산 활동에서 능동적 가치 창출 과정으로 변화시키고 있다(김주영 · 최경현, 2024).

노동의 감정적 · 윤리적 의미에 영향

AI는 감정 노동을 대체할 수 있는 존재로 자리 잡으면서 고객 응대나 민원 처리처럼 높은 심리적 소모가 요구되는 직무에서 인간을 해방시키는 역할을 할 가능성을 보여주고 있다. AI 기반 감정 분석, 상황별 응대 최적화 기능은 인간의 감정 피로를 최소화하면서도 일관된 서비스 품질을 유지하는 데 기여하고 있으며, 이는 감정 노동의 윤리적 문제를 해소할 수 있는 대안으로 주목받고 있다. 그러나 반대로, AI가 인간 노동의 정서적 · 사회적 가치를 대체하는 과정에서, 인간 노동의 존재 이유와 의미 자체가 흐려지는 문제도 함께 부각되고 있다. AI의 추론 능력과 자율 에이전트화가 심화되면서, 인간 노동은 단순한 생산 활동이 아니라 창의적 기획, 윤리적 판단, 감각적 경험과 같은 비가시적 가치를 중심으로 재편될 가능성이 높다. 이는 노동을 단순한 경제적 생계 수단이 아니라, 인간성 실현과 사회적 관계 형성의 장으로 바라보는 기존의 가치관을 근본적으로 재구성하는 흐름으로 이어지고 있다.

AI 시대에 XMZ 세대의 노동의 의미 변화와 대응

X 세대의 노동의 의미 변화와 미래 전망

X 세대는 산업화 시대의 성장과 정보화 사회로의 전환을 모두 경험한 세대로, 노동을 단순한 생계 수단이 아닌 사회적 지위 획득과 자아실현, 그리고 가족 부양의 핵심 경로로 인식해 왔다. 학력과 경력을 바탕으로 계층 상승을 경험한 마지막 세대이자, 조직 충성도와 성과주의 문화를 내면화한 세대인 X 세대는 '노력과 성과의 비례 관계'를 인생 전반에 걸쳐 믿어왔으며, 이는 AI 시대의 자동화 · 효율화 흐름과 긴장 관계를 형성하고 있다. AI 시장이 급성장하고 있는 현재, X 세대는 경력의 정점에서 관리적 역할을 수행하는 경우가 많아, AI를 일자리 위협 요소로 인식하기보다는 조직 관리와 성과 극대화를 위한 효율적 도구로 받아들이는 경향을 보이게 될 것이다. 그러나 이러한 표면적 적응과 달리, AI가 데이터 기반 의사 결정과 자동화를 통해 X 세대의 경험적 판단과 직관을 대체하는 과정은 노동 가치관과 직업 정체성에 근본적 균열을 초래할 가능성이 높다.

특히 X 세대는 노동의 핵심 가치를 '축적된 경험과 직무 노하우'에서 찾는 경향이 강하지만, AI는 정교한 데이터 분석과 실시간 예측이 그들의 경험적 우위를 약화시키며, X 세대 특유의 경험 중심 판단력을 대체하는 방향으로 발전하고 있다. 이러한 변화는 세대 간 기술 격차를 심화시키는 요인으로 작용하며, 디지털 네이티브인 MZ 세대와의 협업 과정에서 기술적 불안과 심리적 위축으로 이어질 가능성도 크다. X 세대는 새로운 기술 습득에 대한 부담과 기존 역량의 상대적 평가 절하를 경험하면서, 자신의 위치를 방어하기 위해 인적 네트워크와 전통적 조직 운영 역량을 활용하는 보수적 대응 전략을 선택할 가능성이 높다. 이 과정에서 X 세대는 AI와의 공진화적 적응에 성공해 새로운 역할을 구축하는 집단으로, 혹은 디지털 적응 실패로 인해 조직에서 주변화되는 집단으로 양극화될 가능성도 있다.

결국, AI 시대 X 세대의 노동의 의미 변화는 기술 적응 문제를 넘어, 노동을 통해 자아를 실현하고 사회적 가치를 인정 받아온 세대적 정체성과 AI 기반 효율화 · 자동화 패러다임 사이에서 발생하는 근본적 가치 충돌 과정으로 귀결된다. 특히 X 세대는 조직 내 인정과 승진을 통해 자신의 성과와 가치를 검증 받아온 세대인 만큼, 데이터 기반 의사 결정과 알고리즘 주도 업무 환경은 노동의 의미를 '개인의 경험과 성과를 축적하는 과정'에서 'AI 결과물의 검토자'로 전환시키며, 세대적 자부심과 직업적 정체성에 위협 요인이 될 수 있다. 궁극적으로 X 세대가 노동의 의미를 어떻게 재구성할지는 개인의 기술 적응력뿐만 아니라, AI 도입 과정에서의 조직 문화, 세대 간 역할 조정, 그리고 AI 기술과 인간 경험의 공존 모델을 얼마나 성공적으로 구축하는가에 달려 있다. X 세대가 자신의 경험과 성과를 AI 시대의 새로운 가치로 전환해 낼 경우, AI 기반 조직에서도 중요한 세대적 주체로 자리할 수 있지만, 그렇지 못할 경우 AI와 MZ 세대가 주도하는 새로운 노동 질서에서 점차 존재감을 상실하는 세대로 전락할 가능성도 함께 존재한다.

M 세대의 노동 의미 재구성: AI와 함께 진화하는 일의 가치

M 세대는 AI 기술의 비약적 발전과 맞물리며 노동의 의미와 방식에서 근본적 전환을 맞이하고 있다. X 세대가 형성한 전통적 조직 문화와 Z 세대의 탈조직 · 개인화 성향 사이에서 독자적 균형을 형성한 M 세대는, AI를 단순한 자동화 도구가 아닌 개인 역량을 극대화하는 전략적 도구로 적극 활용하는 세대이다. 생성형 AI와 코파일럿,

커서와 같은 첨단 생산성 도구들은 반복적이고 기계적인 업무를 최소화하고, 창의적 · 전략적 과업에 집중할 수 있는 환경을 제공하며, 이는 M 세대가 다차원적 경력 경로를 개척하고, 플랫폼 기반의 독립적 경제활동까지 아우르는 새로운 노동 양식을 가능하게 하고 있다. 특히 AI 기반 추천 시스템과 소비 데이터 분석 기술은 개인화된 소비와 맞춤형 서비스 제공을 통해, M 세대의 노동과 소비 경험을 유기적으로 연결하는 순환적 생태계 형성에도 기여하고 있다.

이와 함께 M 세대는 AI가 업무 기여도와 성과를 정량화하고, 팀 내 역할과 기여도를 투명하게 평가하는 과정에서 공정성과 객관성 확보를 기대하는 동시에, AI의 평가 기준과 과정이 인간의 창의적 기여와 직관적 판단을 온전히 반영할 수 있는지에 대한 근본적 불신도 내재하고 있다. 연공서열보다 실질적 성과와 기여를 중시하는 M 세대는, AI를 통해 개인별 성과가 보다 명확히 드러나는 기여 기반 보상 체계를 요구하는 한편, AI가 인간의 노동 가치를 왜곡하거나 축소할 가능성에 대해서는 끊임없이 감시하고 대응하려는 경향을 보일 것이다. 이는 자신의 노동 가치를 보호하기 위해 조직적 저항과 유연한 이직 전략을 병행하는 M 세대의 특징과 맞물리며, 노동 효율성을 극대화하고 자기 개발을 위해 AI를 적극 활용하면서도, AI가 인간 노동의 본질적 가치를 훼손할 가능성에 대해서는 지속적인 경계심을 갖는 태도로 이어진다. 이러한 특성은 AI를 혁신적 도구를 활용하면서도, 동시에 노동 시장 내 인간의 역할과 가치가 축소되지 않도록 적극적으로 대응하려는 M 세대의 이중적 태도로 해석될 수 있다.

아울러 M 세대는 노동과 삶에 대한 가치관의 다원화를 보여주기 시작한 세대로, AI 시대를 맞아 두 가지 상반된 흐름을 형성하고 있다. 다수의 직업을 병행해 빠른 자산 형성과 조기 은퇴를 추구하는 '파이어족'은 AI를 통해 효율적 시간 관리와 다중 직업 수행을 극대화하며, 경제적 독립을 목표로 한다. 반면, 전통적 성공의 개념에서 벗어나 현재의 행복과 여가를 중시하는 '욜로족(YOLO, You Only Live Once)'은 AI가 제공하는 여유 시간을 취미 · 여가 · 자기만족을 위한 자원으로 활용하고, 소비 과정에서도 AI 추천 기반의 트렌디한 경험 소비와 개인 취향 맞춤 소비를 즐기게 될 것이다. 이러한 이중적 흐름은 M 세대가 AI 시대의 노동을 단순한 생계 수단이 아닌, 자기 주도적 삶과 다차원적 성장의 도구로 재구성하고 있음을 보여주며, 향후 노동의 의미와 가치가 개인의 가치관에 따라 보다 다양하고 유연하게 재정의될 가능성을 시사한다(박순형, 2022).

Z 세대의 노동 가치 변화와 AI 기반 자율 노동의 부상

Z 세대는 AI와 함께 성장한 최초의 디지털 네이티브 세대로, 노동을 단순한 생계 수단이 아니라 자기실현과 관심사 확장의 도구로 인식하는 세대적 특성을 보인다. 이들의 부모 세대인 X 세대의 성실한 노동 윤리와 조직 충성 문화를 학습하며 성장했지만, 성인이 된 이후 마주한 현실은 노동을 통한 사회적 이동과 경제적 성취가 점차 어려워진 구조적 불평등의 시대였다. 급등하는 자산 시장과 극심한 양극화는 전통적 노동 가치에 대한 회의와 불신으로 이어졌으며, Z 세대는 정규직 중심의 전통적 일자리보다 플랫폼과 AI 기반의 새로운 수익 창출 기회를 적극 탐색하는 경향을 보인다. 노동의 의미가 조직 충성과 직무 성과에서 벗어나, 자기 주도적이고 창의적인 활동을 통해 관심사와 경제적 보상을 동시에 추구하는 방향으로 이동한 것이다.

이러한 변화 속에서 Z 세대는 AI를 단순한 업무 보조 도구가 아닌, 자신의 역량과 관심사를 연결해 새로운 기회를 창출하는 핵심 파트너로 적극 수용하고 있다. 콘텐츠 생성 도구, 쇼핑 에이전트, 프리랜싱 플랫폼, 마케팅 자동화 솔루션 등 AI 기반 기술은 Z 세대가 자신만의 업무 흐름을 설계하고, 생산 · 유통 · 확산까지 스스로 주도하는 자율적 노동 구조를 개발하고 있기도 하다. 특히, 노동의 전 과정에서 AI와 협업하는 방식은 Z 세대가 조직에 종속되지 않고, 자신만의 브랜드와 수익 모델을 구축하는 새로운 노동 생태계를 가능하게 한다. AI는 기획과 제작뿐 아니라, 시장 트렌드 분석, 개인화된 포트폴리오 관리, 실시간 성과 분석까지 지원하며, Z 세대가 자신만의 노동 가치와 방식으로 경제활동을 수행할 수 있는 기반을 제공하고 있다(이재영 · 백평구, 2024; 장예원 · 이영민, 2024).

한편, Z 세대는 노동 과정에서 공정성과 투명성을 중시하는 세대적 감수성이 강하며, 이는 조직 문화와 성과 평가 방식에 대한 적극적인 문제 제기와 연결된다. 익명 커뮤니티와 내부 고발 플랫폼을 통해 조직 내 불공정한 관행을 드러내고, 수평적이고 공정한 조직 운영을 요구하는 흐름은 Z 세대의 조직 내에서의 노동 가치관을 구성하는 핵심 축이다. 이러한 과정에서 AI는 공정성 확보를 위한 기술적 기반으로 활용될 가능성이 높다. AI 기반 성과 평가 시스템은 데이터를 기반으로 개인별 기여도를 객관적으로 측정하고, 조직 내 편향적 판단이나 정치적 개입을 최소화하는 역할을 수행할 수 있다. 나아가 AI 기반 익명 의견 수렴 도구와 실시간 공정성 진단 시스템은 Z 세대가 요구하는 절차적 공정성과 투명성을 보장하는 기술적 장치로 자리 잡으며, 궁극적으로 세대 간 신뢰 구축과 조직 문화의 혁신적 전환을 이끄는 주요 동력이 될 것이다(이재영 · 백평구, 2024; 장예원 · 이영민, 2024).

참고문헌

박순형(2022). MZ세대의 특성과 언어 사용 연구. ≪한말연구≫, 63(18), 1-23쪽.

엄효진 · 이명진(2020). 인공지능 (AI) 기반 지능정보사회 시대의 노동시장 변화: 경제사회학적 접근을 중심으로. ≪정보사회와 미디어≫, 21(2), 1-20쪽.

이재영 · 백평구(2024). 좋은 일자리에 대한 Z 세대 직장인의 주관적 인식. ≪주관성 연구≫, 66, 5-27쪽.

장예원 · 이영민(2024). M세대와 Z세대의 직장선택 인식유형 연구. ≪비즈니스융복합연구≫, 9(2), 211-217쪽.

08
AI 시대 XMZ 세대의 뉴스 소비

AI 시대의 뉴스 생산과 소비 구조는 알고리즘과 생성형 AI의 개입으로 급격히 변화하면서 개인화된 정보 추천과 맞춤형 뉴스 소비가 일상화되고 있다. 이러한 변화는 뉴스 접근성과 편의성을 높이는 동시에, 필터 버블 · 에코 챔버 심화, 공공성 약화, 뉴스 신뢰도 저하 등 저널리즘의 근본적 위기를 초래하고 있다. 세대별 뉴스 소비 특성과 AI 알고리즘의 공정성 · 투명성 확보 문제를 함께 고려한 새로운 저널리즘 윤리와 뉴스 리터러시 체계 정립이 필수적이다.

AI와 한의학?

AI 시대의 뉴스 변화와 공정성, 윤리, 그리고 뉴스 소비자의 변화

AI 시대의 뉴스 생산과 유통은 기존의 편집권 중심 저널리즘 구조에서 알고리즘과 데이터 기반 정보 큐레이션 구조로 급격하게 전환되고 있다. 과거에는 언론사가 보도 우선순위와 의제를 설정하는 어젠다 세팅(Agenda Setting) 기능을 독점해 왔지만, 생성형 AI와 뉴스 알고리즘의 발전으로 개인화된 정보 추천 및 맞춤형 뉴스 소비 환경이 구축되면서 뉴스 생산과 소비의 탈중앙화(decentralization)가 가속화되고 있다. 이러한 변화는 뉴스 소비자의 편의성과 정보 접근성을 획기적으로 향상시켰지만, 동시에 필터 버블과 에코 챔버(Echo Chamber) 현상을 심화시키는 부작용을 낳고 있다. AI 알고리즘은 사용자의 과거 클릭 이력, 관심사, 정서적 반응을 기반으로 개인화된 뉴스를 제공함으로써, 뉴스 소비자들을 사회적 공론장(public sphere)에서 점차 이탈시킨다. 이는 사회적 이슈에 대한 공통된 이해와 합의 기반의 약화를 초래하고, 사회적 단절과 집단 극화(polarization)를 심화시키는 중요한 원인으로 작용할 수 있다. AI 시대의 뉴스는 정보 소비자 개인의 취향과 기호에 최적화된 콘텐츠를 제공하는 '개별화된 정보 공간'으로 변모하고 있으며, 이 과정에서 뉴스의 공공성(publicness)과 공론장으로서의 기능은 근본적 위기에 직면해 있다(김정연, 2023).

이에 따라, 뉴스의 공정성(fairness)과 윤리성(ethics)을 보장하는 문제는 AI 시대 저널리즘의 핵심적 과제로 부상하게 되었다. AI 알고리즘은 본질적으로 편향된 데이터(biased data)를 학습해 결과를 생성하게 되는 경향성을 보이며, 특히 기존 데이터의 사회적 · 정치적 편향이 그대로 반영될 경우, 정보 불균형과 특정 집단에 대한 차별적 정보 제공으로 이어질 가능성이 높다. AI의 학습 및 추천 알고리즘이 특정 정치 성향, 지역, 연령층의 정보만을 우선 노출하는 현상은 이미 다수의 연구에서 확인된 바 있다(김승현 외, 2022). 이러한 구조적 문제를 해결하기 위해, AI 알고리즘 설계 단계에서 공정성 확보를 위한 알고리즘 감찰(audit)과 알고리즘 윤리위원회 운영 등 투명성 확보 장치가 필요하다. 아울러 뉴스 추천 알고리즘이 단순히 클릭률 최적화에만 집중하는 것이 아니라, 사회적 의제 형성 및 공적 가치 실현을 위한 공공성 알고리즘(Public Algorithm)으로 진화할 수 있는 정책적 · 기술적 설계가 요구된다. AI가 뉴스 추천 과정에서 이념적 편향성과 감정적 자극 요소를 필터링하고,

다양한 시각과 균형 잡힌 정보를 제공하는 방향으로 설계될 때, 뉴스의 공정성과 윤리성 문제를 일정 부분 완화할 수 있을 것이다.

뉴스 생산 주체 또한 AI 도입으로 인해 근본적 변화를 경험하고 있다. 전통 언론사뿐만 아니라, 1인 미디어, 인플루언서 기반 뉴스 채널, 커뮤니티 중심 정보 제공자 등 뉴스 생산자 자체가 다원화되고 있으며, 생성형 AI를 활용한 자동 기사 작성, 데이터 기반 탐사 보도, 실시간 트렌드 분석 등 AI 기반 저널리즘이 빠르게 자리 잡고 있다. 그러나 이러한 변화는 저널리즘의 본질적 가치인 사실 검증(fact-checking)과 심층적 분석 기능을 약화시킬 가능성도 내포하고 있다. 특히 AI 기반 자동 기사 작성은 속보성과 정보량 확대에는 기여할 수 있지만, 데이터 오버피팅(overfitting)으로 인한 편향적 보도, 기계적 오류, 맥락 왜곡(context distortion) 등의 문제를 수반한다. 또한, AI가 기존 뉴스 기사를 재가공하는 과정에서 원본 기사의 출처와 맥락이 희석되거나, 정보의 원천(source transparency)이 불분명해지는 문제도 심각하게 대두되고 있다. 따라서 AI 시대 저널리즘에서는 뉴스 생산자와 뉴스 알고리즘 운영자 간의 책임 경계 설정, 알고리즘 기반 편집 권한의 윤리적 가이드라인 마련, AI 기사 작성 시 출처 명기 및 편향성 점검 프로세스 구축 등 새로운 규범 체계 마련이 필수적이다. 이러한 규범은 뉴스 콘텐츠의 공공성과 신뢰성을 유지하기 위한 최소한의 안전장치로 기능할 것이다(김미경, 2022; 김연주 · 노기영, 2024; 박기범, 2022).

한편, 뉴스 소비자 역시 AI 시대를 맞아 정보 소비 방식과 뉴스 신뢰도 평가 기준에서 상당한 변화를 보이고 있다. 특히 MZ 세대를 중심으로 한 디지털 네이티브들은 언론사 브랜드보다는 자신이 선호하는 유튜버, 커뮤니티, 소셜 미디어 채널을 통해 뉴스를 소비하는 경향이 강해졌으며, 이러한 뉴스 소비의 탈전통화 현상은 기존의 전통적 언론의 권위적 지위를 해체하고, 정보 선택의 주도권을 소비자 개인에게 이양하는 흐름으로 이어졌다. 그러나 동시에, 맞춤형 뉴스 소비에 익숙해진 소비자들은 자신과 반대되는 시각이나 공공적 의제에는 무관심해지고, 알고리즘이 제공하는 편향된 정보만을 진실로 간주하는 경향도 강화되고 있다. 이러한 뉴스 소비자들의 인식 왜곡과 정보 편식 현상은 사회적 공론장 약화뿐만 아니라, 사회적 갈등을 심화시키는 핵심적 요인으로 작용할 수 있다.

따라서 AI 시대의 뉴스 소비자는 정보 접근의 편의성

이면에 존재하는 알고리즘 편향성과 정보 왜곡 가능성에 대한 비판적 인식을 갖추는 것이 무엇보다 중요하다. 이를 위해 공공 뉴스 리터러시(public news literacy) 교육을 강화하고, AI 기반 뉴스 소비 과정에서 정보 편향 진단 및 시정 기능을 탑재한 시스템을 구축하는 것도 좋은 해결책이 될 것이다. AI 시대의 뉴스 소비자는 수동적 정보 수용자를 넘어, AI 알고리즘과 상호작용하며 정보를 선별 · 비판 · 재구성할 수 있는 주체적 역량을 갖춘 'AI 대응형 시민(AI-Responsive Citizen)'의 형태로 진화해야 할 것이다(김법연, 2024; 김연주 · 노기영, 2024; 박기범, 2022).

AI 시대 XMZ 세대의 뉴스 소비 변화

AI 시대 X 세대가 바라보는 뉴스의 변화와 공정성 · 윤리 · 소비 패턴 분석

X 세대는 아날로그 저널리즘 환경에서 성장하면서 언론을 사회적 의제를 설정하고 공론장을 형성하는 핵심 공적 기제로 인식해 온 세대다. 그러나 AI 알고리즘 기반의 개인화 뉴스 추천 시스템이 보편화되면서 뉴스의 공공성은 점차 약화되고, 정보 소비는 개별화 · 파편화되는 양상을 보이고 있다. 특히, AI 알고리즘이 개인의 관심

사와 검색 이력에 기반해 정보를 선별 · 추천하는 구조는, 사회 전체가 공유해야 할 공적 이슈마저 필터링하는 결과로 이어지며, X 세대는 이러한 흐름에 대해 깊은 우려를 갖고 있다.

정보 편의성 증대라는 긍정적 효과에도 불구하고, 사회적 합의와 집단적 공론장을 형성해 온 전통적 저널리즘의 역할이 약화되는 상황은, X 세대가 강조해온 뉴스의 공공성과 정보 균형 원칙을 근본적으로 위협하는 요소로 작용하고 있다. 이에 따라, X 세대는 AI 뉴스 알고리즘이 단순히 개인 취향에 맞춘 정보 제공을 넘어, 공적 의제의 균형 있는 노출과 사회적 책임을 강화하는 방향으로 설계되어야 한다는 점을 강조할 것이다.

X 세대는 AI 기반 뉴스 알고리즘이 개인화 추천 기능만 강화하는 것이 아니라, 동일 이슈에 대해 상반된 시각과 다양한 출처의 정보를 균형 있게 제공하는 '정보 균형 알고리즘(Information Balance Algorithm)'과 '뉴스 다양성 알고리즘(Diversity Algorithm)' 등을 강조할 가능성이 높다. 그들은 뉴스 이슈에 대한 편향적 정보 노출을 완화하고, 다양한 시각을 통해 정보 소비자의 균형 감각과 비판적 사고를 강화하는 데 기여하기 위해 노력할 것이다.

특히, X 세대는 특정 정치 성향이나 경제적 이해관계에 종속되지 않는 독립적 저널리즘의 가치를 중시해 온 만큼, AI 뉴스 서비스 역시 정치적 중립성과 사회적 균형성을 보장하는 알고리즘적 장치를 마련해야 한다는 점을 강조할 것이다. 더 나아가, 개인화 알고리즘이 작동하는 과정에서도 사회적 중요 의제는 일정 비율 이상 강제 노출하는 '공공성 필터(Publicness Filter)' 기능을 내재화함으로써, AI 시대에도 공론장의 최소한의 기반을 유지해야 한다는 점을 강조할 것이다(김성우, 2024; 김정연, 2023).

AI 시대 M 세대의 플랫폼 중심 뉴스 발전과 변화

M 세대는 인터넷 대중화와 스마트폰 보급을 통해 디지털 플랫폼을 중심으로 뉴스 소비문화를 형성한 세대다. 포털 사이트, 소셜 미디어, 유튜브 등의 플랫폼을 통해 뉴스를 접하는 것이 일상화된 이들은, 특정 언론사 브랜드에 대한 충성도보다는 플랫폼 알고리즘이 추천하는 콘텐츠와 소셜 미디어 피드에서 우연히 접하는 정보를 중심으로 정보를 습득하는 경향이 강하다. M 세대의 이러한 뉴스 소비 패턴은 정보 선택 권한을 적극적으로 플랫폼에 위임하는 방식으로 자리 잡았으며, 이는 X 세대

의 언론사 중심 소비 행태와 Z 세대의 알고리즘 기반 맞춤형 뉴스 환경에 대한 선호 사이에서 중간적 특성을 보인다. 특히 M 세대는 정보의 실시간성 · 압축성 · 비주얼화를 중시해 긴 기사보다 핵심 요약이나 카드뉴스 · 영상 뉴스 등을 선호하는 경향이 강하며, 이러한 특성은 AI 기반 요약 뉴스, 음성 뉴스, 실시간 트렌드 추천 등 신기술을 비교적 자연스럽게 수용하는 기반이 되고 있다.

그러나 동시에, AI 추천 알고리즘의 편향성과 뉴스 추천 기준의 불투명성에 대한 경계심도 내재하고 있으며, 이러한 문제의식은 M 세대가 2000년대 이후 포털 뉴스 편집 논란, 정치적 편향성 논란, 소셜 미디어를 통한 가짜뉴스 확산 등 디지털 뉴스 환경의 문제를 직접 경험하며 형성된 것으로 볼 수 있다. 다시 말해, M 세대는 개인화된 맞춤형 뉴스 추천을 편의성과 효율성 측면에서 적극 수용하면서도, 뉴스 알고리즘의 편향성, 상업적 · 정치적 개입 가능성, 그리고 공적 정보의 축소 문제에 대해 비판적 인식을 유지하고 있다. 이들은 공정성을 단순히 정치적 중립성으로 이해하기보다, 다양한 관점과 상반된 시각이 균형 있게 제공되는 환경 자체를 공정성의 핵심 가치로 인식한다. 이러한 인식은 정보 균형을 중시하는 X 세대의 태도와 유사하며, 개인화된 편의성을 우선하는 Z 세대의 인식과는 차이를 보인다.

이러한 배경에서 M 세대는 뉴스의 신뢰성 확보를 위해 다음과 같은 윤리적 장치 마련을 대안으로 제시할 가능성이 크다. AI가 추천하는 기사와 AI가 직접 생성한 기사의 출처 명기, 데이터세트 구성 과정과 편집 기준의 투명한 공개, AI 생성 뉴스에 대한 팩트체크와 인간 편집자의 검토 절차 강화 등이 이에 해당한다. 이러한 조치는 AI 기반 뉴스가 보다 신뢰할 수 있는 정보 제공자로 기능할 수 있도록 하기 위한 필수적인 윤리적 조치로 평가될 것이다.

Z 세대의 초개인화 뉴스 소비와 공공성 약화: AI 시대 뉴스 알고리즘의 방향과 윤리적 과제

Z 세대는 디지털 환경에서 태어나고 성장한 최초의 세대로, 뉴스 소비 방식 역시 전통적 저널리즘과는 본질적으로 다른 특성을 보인다. 이들은 신문이나 방송 뉴스보다 유튜브, 인스타그램, 틱톡과 같은 플랫폼을 통해 짧고 직관적인 영상·이미지 기반 뉴스 콘텐츠를 소비하는 데 익숙하며, AI 알고리즘이 제공하는 맞춤형 추천 뉴스를 당연한 정보 습득 경로로 받아들인다.

이러한 초개인화(hyper-personalization)된 뉴스 소

비 환경은 Z 세대가 자신의 관심사와 취향에 최적화된 정보만을 선별적으로 소비하게 만들고, 필터 버블과 에코 챔버 현상을 극대화하는 방향으로 작동한다. 그 결과, 사회적 공론장을 구성하는 공공 뉴스의 위상은 약화되고, Z 세대의 정보 환경은 개인화된 정보 조각들로 구성된 비공유적·비연결적 구조로 전환되고 있다. 특히, Z 세대는 전통 언론사의 공적 책임과 저널리즘 윤리에 대한 관심이 낮은 반면, 알고리즘이 자신에게 맞춘 뉴스를 제공하는 편의성에 대한 신뢰도는 상대적으로 높아, AI 뉴스 추천이 사회적 의제를 형성하고 공적 정보 흐름을 보장하는 기존 저널리즘의 기능을 대체하는 현상이 더욱 심화될 가능성이 높다(마정미, 2020).

Z 세대의 초개인화된 뉴스 소비 패턴 속에서도 사회적 공론장 기능을 유지하고 정보 편향성을 완화하기 위해, AI 뉴스 알고리즘의 구조적 개선과 공공성 강화 전략이 필수적이다. 현재 AI 알고리즘은 이용자의 클릭 이력, 검색 기록, 소셜 미디어 활동 데이터를 기반으로 맞춤형 뉴스를 제공하는 데 집중하고 있지만, 이러한 방식은 사용자 관심사 강화를 통해 정보 편향성을 구조적으로 내재화하는 한계를 지닌다. 이에 따라, AI가 개인화 추천 기능과 함께 사회적으로 중요한 공공 뉴스(정치, 환경,

국제 이슈 등)를 일정 비율 이상 필수적으로 노출하는 '공공성 알고리즘(Public Algorithm)' 도입이 요구된다. 아울러, 알고리즘 학습 데이터의 출처 및 편향성 점검, 추천 과정의 투명성 확보, 다양한 관점을 균형 있게 반영하는 '다양성 기반 뉴스 큐레이션 시스템(Pluralistic News Curation System)' 구축 역시 필수적이다. 이는 Z 세대가 자신도 인식하지 못한 사회적 이슈와 다양한 시각을 자연스럽게 접할 수 있는 환경을 조성함으로써, 초개인화 뉴스 소비의 편의성과 공공성 유지라는 두 가치를 동시에 실현하는 핵심 방안이 될 것이다(김성우, 2024; 김정연, 2023).

참고문헌

김미경(2022). 유튜브 알고리즘 추천의 유용성 인식에 따른 유튜브에 대한 미디어 신뢰도: 지각된 유해성, 확증편향, 프라이버시 염려의 매개 효과. ≪한국소통학보≫, 21(4), 7-42쪽.

김법연(2024). 생성형 AI의 법적 문제와 규제 논의 동향. ≪정보화정책≫, 31(3), 3-33쪽.

김성우(2024). 인공지능의 공공성을 향해. ≪월간 공공정책≫, 228, 8-9쪽.

김승현 외(2022). AI 추천 알고리즘 편향성과 규제에 관한 연구. ≪정보통신정책연구≫, 29(2), 111-144쪽.

김연주 · 노기영(2024). 인공지능 팩트체크는 편향된 정보처리에 대한 해답이 될 수 있는가?: 팩트체크 출처, 신념 일치, 디지털 미디어

리터러시의 영향. ≪한국언론정보학보≫, 128, 7-38쪽.
김정연(2023). 디지털 미디어 생태계의 뉴스 소비에 관한 문헌연구: 선택적 노출과 부수적 노출의 문제. ≪미래정치연구≫, 13(1), 37-63쪽.
마정미(2020). 유튜브 저널리즘과 공론장(public sphere)에 관한 연구. ≪한국소통학보≫, 19(1), 217-246쪽.
박기범(2022). AI 편향과 시민의 자질. ≪사회과교육≫, 61(2), 95-106쪽.

09
알파 세대와 AI

알파 세대는 인류 역사상 최초로 AI와 공존하며 성장한 'AI 네이티브(AI Native)' 세대로, AI를 일상적 도구가 아닌 상호 협력적 파트너로 자연스럽게 수용하는 심리적 유연성을 지닌다. 출생과 동시에 초개인화된 디지털 환경에 노출된 이들은 맞춤형 경험과 즉각적 보상을 당연한 것으로 인식하며, 개인화된 정보 소비와 가치 중심 소비 성향을 강화해 나간다. 동시에, AI 기술 의존이 심화될수록 인간적 경험과 진정성에 대한 욕구도 함께 증대되며, 기술과 인간성의 균형을 모색하는 새로운 세대적 특성을 형성해 갈 것이다.

AI와 화장품?

AI 네이티브로서의 자연스러운 기술 수용

알파 세대는 인류 역사상 최초로 인공지능과 공존하며 성장한 세대로, 'AI 네이티브'라는 명칭이 자연스럽게 붙는 세대다. 이들은 AI를 단순한 도구가 아니라, 자신의 능력을 확장하고 일상적 문제를 해결하는 '삶의 동반자'로 자연스럽게 받아들이며, AI와 인간의 관계를 수직적 주종 관계가 아닌 상호 협력적 파트너십으로 인식하는 심리적 유연성을 지닌다. 기술에 대한 거부감이나 경계심보다, 자신을 둘러싼 환경의 일부로서 AI를 받아들이는 태도는 기존 XMZ 세대와는 질적으로 다른 기술 친화적 성향을 형성하는 핵심 배경이 된다. 이러한 자연스러운 기술 수용 환경은 알파 세대가 향후 AI와 인간의 관계를 재정의하고, 기술 기반 사회의 윤리적 기준과 공존 규범을 형성하는 데 주도적 역할을 수행할 수 있는 기반이 된다.

특히, 이러한 알파 세대의 기술 수용 특성은 혁신 확산 이론(DOI, Diffusion of Innovations, Rogers, 2003)과 계획된 행동 이론(TPB, Theory of Planned Behavior, Ajzen, 1991)의 관점에서 보다 명확하게 설명될 수 있다. 혁신 확산 이론을 적용해 보았을 때, 알파 세대는 AI라는 혁신 기술에 대해 실험 가능성(trialability)과 관찰 가능성

(observability)이 극대화된 환경에서 성장하기 때문에, 새로운 AI 서비스와 기능을 주저 없이 수용하고, 일상에 통합하는 속도가 다른 세대와 비교할 수 없을 정도로 빠를 것으로 예상된다. 동시에, 계획된 행동 이론은 이들의 AI 수용이 단순한 개인적 태도(attitude)나 편의성 인식에서 끝나는 것이 아니라, 또래 집단과 디지털 커뮤니티에서 형성되는 강력한 사회적 규범(subjective norms)과 기술 활용 능력에 대한 자신감(perceived behavioral control)에 의해 더욱 가속화될 것임을 시사한다. 즉, 알파 세대는 AI와 함께 성장한 디지털 환경에서 자연스럽게 AI를 학습하고 활용하는 것을 넘어, AI와 함께 사고하고, 문제를 해결하며, 새로운 가치를 창출하는 주체적 세대로 자리 잡을 가능성이 높다.

초개인화 경험과 개인화 중심 가치관의 강화

알파 세대는 출생과 동시에 AI 알고리즘 기반 초개인화 환경에 노출되며, 자신만의 취향과 요구를 실시간으로 반영하는 맞춤형 서비스에 대한 기대 수준이 매우 높은 특성을 보인다. 콘텐츠 소비, 학습, 쇼핑, 여가 등 전 영역에서 표준화된 집단 경험보다 개인 맞춤형 경험을 선호하며, 동일 연령대라 하더라도 개별화된 디지털 환경 속에서 서로 전혀 다른 미디어 경험을 하며 성장한다.

이러한 경험의 축적은 공동체적 경험이나 집단적 규범보다 AI를 통해 강화된 개인적 취향과 필요를 우선시하는 성향으로 이어지며, 사회적 연대보다는 개인적 관심사를 중심으로 네트워크를 형성하는 경향을 강화시킨다(강진희 · 선섭희, 2024; 반진욱 외, 2023).

즉각적 보상 기대와 학습 · 소비 패턴 변화

알파 세대는 실시간 피드백 환경에서 성장한 세대로, 학습이든 놀이든 어떤 행위에서든 즉각적인 결과 확인과 보상을 기대하는 성향이 뚜렷하다. 유튜브의 알고리즘 추천 영상, 모바일 게임의 실시간 보상 체계, AI 기반 학습 플랫폼의 즉각적 진단과 피드백 등은 이러한 성향을 더욱 강화시켰다. 이들은 장기적 목표나 점진적 성취보다는 단기적이고 즉각적인 만족감을 우선시하는 경향을 보이며, 이는 학습 동기, 직업관, 소비 패턴 전반에 걸쳐 영향을 미치는 핵심 특성으로 자리 잡을 가능성이 높다.

초개인화된 뉴스 소비와 정보 편향의 심화

알파 세대는 AI 기반 추천 알고리즘을 통해 자신에게 최적화된 뉴스와 정보를 소비하는 것을 당연하게 여기는 세대로 성장하고 있다. 생성형 AI와 빅데이터 기반 큐레이션 기술이 고도화되면서, 이들은 자신의 관심사와 선호도에 따라 초개인화된 정보 환경 속에서 생활하고 있으며, 이는 정보 탐색의 편의성을 극대화하는 동시에 정보 편식과 편향성 심화를 유발하는 구조적 요인으로 작용하고 있다.

특히, 알파 세대는 전통적 미디어의 편집권을 통한 정보 균형 경험 없이, 디지털 플랫폼이 제공하는 알고리즘 뉴스만을 접하면서, 이른바 '필터 버블'과 '에코 챔버' 현상의 영향을 가장 강하게 받는 세대가 될 가능성이 높다. 다양한 시각과 사회적 이슈를 폭넓게 접하기보다는, 자신이 관심 있는 주제와 자신이 선호하는 관점만을 강화하는 정보 소비 패턴은 공론장 축소와 사회적 합의 형성의 어려움으로 이어질 위험을 내포하고 있다(정혜승, 2024).

인간적 경험과 진정성에 대한 강한 갈망과 새로운 가치 탐구

알파 세대는 생성형 AI가 일상적 정보 생산과 콘텐츠 창작에 깊숙이 개입하는 환경에서 성장하는 세대지만, 역설적으로 이러한 기술 의존적 환경 속에서 인간적 경험과 진정성에 대한 갈망이 강하게 형성될 가능성이 높다. 생성형 AI가 만들어내는 무수한 콘텐츠와 알고리즘이 선별해 제공하는 초개인화된 정보 속에서, 진짜와 가짜의 경계는 흐려지고, 소셜 미디어에서는 필터링된 이미지와 연출된 라이프스타일이 일상화된다. 이러한 환경에 대한 피로감은 알파 세대로 하여금 꾸밈없는 경험과 직접적 소통, 진정성 있는 관계와 콘텐츠를 추구하는 방향으로 문화적 감수성을 형성하도록 이끌 것이다.

특히, MZ 세대부터 대두되고 있는 디지털 피로와 딥페이크(Deepfake) 기술로 대표되는 가짜 정보 범람이 일상화된 환경에서 성장하는 알파 세대는, 기술이 제공하는 편의성과 효율성 뒤에 숨겨진 비진정성(inauthenticity) 문제를 민감하게 인식하고, 오히려 인간적 체험과 아날로그적 경험에 대한 욕구를 더욱 강하게 드러낼 가능성이 높다. 이러한 흐름은 '디지털 단절 운동(Unplugged 운동)' 등을 통한 진정한 경험 회복 움직임과 맞물리며, AI 시대에 인간만이 구현할 수 있는 진정성 있는 소통과 체험을 새로운 가치로 재발견하는 방향으로 확산될 것이다(한미옥 · 김남조, 2018).

결국, 알파 세대는 AI를 자연스럽게 활용하는 동시에, AI가 만들어 낸 디지털 환경의 한계와 부작용을 누구보다 빠르게 체감하고, 이에 대한 대안적 가치를 탐구하는 세대로 자리매김할 가능성이 높다. AI가 생산하고 유통하는 콘텐츠의 진위 여부를 판별하는 '디지털 감별력(digital discernment)'과, 진정성 있는 인간적 경험을 회복하려는 문화적 욕구는 알파 세대의 고유한 세대적 특성이자, 기술과 인간성의 균형점을 모색하는 중요한 방향성이 될 것이다.

AI 시대 인간 역할과 정체성 재정립

인류 역사상 처음으로 AI와 공존하는 환경은 알파 세대로 하여금 인간과 AI의 역할, 그리고 두 주체 사이의 경계 설정에 대한 근본적 질문과 지속적으로 마주하게 만드는 구조적 조건을 형성한다. 특히, 반복적이고 규칙 기반의 업무 수행이나 정보 습득, 표준화된 문제 해결 영역은 AI가 인간보다 더 빠르고 정확하게 수행할 수 있는 분야로 자리 잡으면서, 인간의 역할은 '기계가 할 수 없는 것'을 중심으로 재편될 수밖에 없다. 이는 단순한 업무 대체의 문제가 아니라, 인간의 정체성 자체를 기술과의 관계 속에서 새롭게 정의하고, 인간만의 고유한 가치와 존재 의미를 재구성해야 하는 근본적 과제로 이어진다.

다시 말해, AI가 인간 고유의 역할을 대체하고, 인간이 맡아야 할 영역을 잠식하는 상황에 대한 위기감과 정체성 혼란 역시 알파 세대의 세대 경험으로 자리 잡을 가능성이 높다. 인간의 존재 의미가 무엇인지, 인간다움이란 무엇인지, 그리고 기술이 아무리 발전해도 인간만이 지켜야 하는 영역은 무엇인지에 대한 철학적 · 사회적 논의가 알파 세대의 삶과 밀접하게 연결될 수밖에 없는 이유다.

이러한 흐름 속에서 알파 세대는 인간 고유의 역할을 창의적 사고, 윤리적 판단, 사회적 공감, 관계 형성, 그리고 진정성 있는 소통과 경험이라는 비기술적 역량으로 규정하는 방향으로 나아갈 가능성이 크다. 특히, 초거대 AI 모델이 만들어 내는 생성형 콘텐츠와 자동화된 의사결정 시스템이 일상화된 환경에서, 인간은 창의적 문제 설정과 해결 과정, 윤리적 책임을 수반하는 판단과 의사결정, 사회적 맥락과 타인에 대한 공감적 이해 같은 영역에서 자신의 고유한 가치를 증명해야 하는 상황에 놓이게 된다. 이는 인간이 단순히 AI를 효율적 도구로 활용하는 차원을 넘어, 인간과 AI가 각자의 강점을 극대화하며 상호 보완적 관계 속에서 공존할 수 있는 새로운 사회적 규범과 문화적 가치를 정립해 가는 방향으로 이어질 것이다.

참고문헌

강진희 · 선섭희(2024). 알파 세대의 라이프스타일 고찰. ≪조형디자인연구≫, 27(4), 11-50쪽.

반진욱 외(2023). 핵심 소비 주체로 떠오른 잘파세대: 가치 중심 소비 · 초개인화 현상 뚜렷 _ 중고거래 선호하는 '자본주의 키즈'. ≪매경이코노미≫, 34-36쪽.

정혜승(2024). OTT를 이용하는 잘파세대는 누구인가? 의사결정나무 알고리즘 기반 이용자 특성 탐색. ≪영상문화콘텐츠연구≫, 32, 65-107쪽.

한미옥 · 김남조(2018). 디지털 시대의 여가와 관광의 의미: 디지털 디톡스 현상과 디지털 프리관광에 대한 탐색적 논의. ≪관광연구논총≫, 30(4), 35-60쪽.

Ajzen, I.(1991). The theory of planned behavior. *Organizational behavior and human decision processes*, 50(2), pp.179-211.

Rogers, E. M.(2003). *Diffusion of innovations*(5th ed.). Free Press.

10
AI 시대 세대 간 연결 가능성과 한계

AI 기술의 급속한 확산은 세대별 정보 소비 방식과 기술 수용 태도에 큰 격차를 형성하면서 세대 간 소통 방식과 관계 형성의 근본적 변화를 이끌고 있다. 특히 X 세대부터 알파 세대까지, 각 세대가 AI를 이해하고 활용하는 방식의 차이는 조직 문화와 사회적 공론장에서 새로운 갈등과 단절을 초래하고 있다. 이러한 환경에서 AI는 세대 간 정보 격차를 조정하고, 공통의 이해 기반을 형성하며, 상호 학습과 공감대 형성을 지원하는 세대 통합적 기술로 진화할 필요가 있다.

종교와 AI?

AI 시대, 세대 간의 차이와 갈등

AI 기술이 사회 전반에 걸쳐 영향을 미치면서, 세대 간 소통 방식과 관계 형성에도 중요한 변화를 가져오고 있다. XMZ 세대와 알파 세대는 AI를 활용하는 방식에서 차이를 보이며, 이러한 차이는 정보 습득 방식, 커뮤니케이션 스타일, 그리고 AI에 대한 태도에서 더욱 극명하게 드러난다. AI는 기술 발전의 결과이자 세대 간 소통을 촉진하는 도구로 작용할 수 있지만, 동시에 세대 간 격차를 확대하는 요인이 될 수도 있다.

AI 기술 격차가 만든 세대 간 단절

AI의 발전은 세대 간 기술 적응 속도의 차이를 더욱 부각시키면서 이로 인한 새로운 형태의 격차를 발생시키고 있다. 이를 AI 기술 격차라고 부르며, 이는 AI를 능숙하게 활용하는 계층과 그렇지 못한 계층 간의 차이뿐만 아니라 기업, 조직, 그리고 개인 차원에서도 점점 더 큰 문제로 대두되고 있다.

기업 내에서 AI 기술 격차는 경영진과 실무자 간의 기술 활용 차이를 심화시키고 있다. 경영진은 AI를 조직 혁신과 효율성 극대화의 도구로 보고 적극적으로 도입하려고 하지만, 실무자들은 AI 기술 적응에 부담을 느끼며 저항하는 경우가 많다. 이는 기업 내부의 갈등을 유발할 뿐만 아니라, 세대 간의 직장 문화 차이를 더욱 심화시킬 수 있다. 기성세대는 전통적인 업무 방식을 선호하는 반면, MZ 세대와 알파 세대는 AI 자동화 기술을 적극 활용해 효율적인 작업 방식을 추구한다. 이러한 차이를 해소하기 위해서는 AI 교육 프로그램을 세대별 맞춤형으로 제공해야 하며, AI를 활용한 협업 시스템을 도입해 세대 간 조화를 이루는 것이 필요하다(김주영 · 최경현, 2024).

개인 차원에서도 AI 기술 격차는 사회적 불평등을 심화시킬 가능성이 있다. X 세대와 일부 M 세대는 AI에 대한 이해도와 활용 능력이 낮아, AI가 일상과 업무에 깊이 침투하면서 소외감을 느낄 수 있다. 반면, Z 세대와 알파 세대는 AI를 자연스럽게 받아들이고 활용하며, AI를 통한 자동화된 의사 결정 방식에 익숙하다. 이러한 차이는 AI 활용 능력의 격차를 초래하며, 나아가 세대 간의 정보 습득 방식뿐만 아니라 노동시장에서도 새로운 형태의 기술 격차를 형성할 수 있다.

AI 기술 격차를 극복하기 위해서는 AI 교육을 필수적으로 제공하고, 각 세대가 AI를 보다 친숙하게 활용할 수 있도록 정책적 지원이 필요하다. 또한, AI가 단순한 기술 도구가 아니라, 세대 간의 가교 역할을 수행할 수 있도록 설계되어야 한다.

직장 내 세대 간 차이와 일하는 방식의 변화

직장 내 세대 간 차이는 주로 일하는 방식과 조직 문화에서 나타나며, 이는 AI 기술의 발전과 밀접하게 연관되어 있다. X 세대는 전통적인 조직 가치와 평생직장 개념을 중시하며, 조직 내에서의 희생과 승진을 중요시하는 경향이 있다. 이들은 형식과 절차를 중시하며, 조직의 안정성과 일관성을 유지하는 것을 우선시한다. 반면, MZ 세대는 평생직장의 개념이 희미해지면서 개인의 경력 개발과 자기실현을 중시하고, 자유롭고 유연한 업무 환경에서 자신의 능력을 발휘하기를 원한다.

스타트업 문화에서 볼 수 있는 자유로운 업무 스타일, 예를 들어 이어폰을 끼고 음악을 들으며 일하는 것은 MZ 세대에게는 편안하고 자연스러운 반면, 기성세대는 이러한 변화를 낯설고 부적절하게 여기는 경우가 많다. 이는 세대 간의 가치관 차이를 드러내며, 조직 내 갈등의 원인이 되기도 한다. MZ 세대의 '조용한 퇴근/퇴직(Quiet Quitting)' 현상, 즉 돈을 받는 만큼만 일하려는 경향은 이러한 세대 간의 업무 가치관 차이를 잘 보여주며, 이는 조직 내에서 세대 간 이해와 조화를 이루기 위한 도전 과제로 작용한다(전종희, 2022).

이러한 직장 내 세대 간 차이를 극복하기 위해서는 조직의 정책과 문화가 세대 간의 다양성을 인정하고 각각의 특성을 존중하는 방향으로 진화해야 한다. AI를 활용한 직장 내 교육 및 훈련 프로그램을 통해 서로 다른 세대가 서로의 업무 스타일과 가치관을 이해하고 존중할 수 있는 기반을 마련하며, 유연한 업무 정책을 도입해 각 세대가 자신의 스타일에 맞게 일할 수 있도록 해야 한다. 또한, AI로 강화된 화자(Speaker)의 익명성을 보장하면서, 개방적이고 수평적인 커뮤니케이션 채널을 제공함을 통해 세대 간의 대화와 협력을 촉진함으로써 조직 내 세대 간의 격차를 줄이고 조화로운 작업 환경을 조성할 수 있을 것이다.

AI 기반 정보 소비 방식과 세대 간의 차이

정보의 소비 방식은 세대마다 차이를 보이며, 이는 AI의 발전과 밀접한 관계를 맺고 있다. X 세대와 M 세대는 전통적인 뉴스 미디어를 활용하며, 공신력 있는 기관에서 제공하는 정보를 선호하는 경향이 강하다. 이들은 주로 검색을 통해 원하는 정보를 직접 탐색하며, 정보의 신뢰성과 객관성을 중시한다. 반면, Z 세대와 알파 세대는 AI

기반 알고리즘을 통해 개인화된 정보를 소비하며, 검색보다는 AI가 제공하는 추천 정보를 직관적으로 받아들이는 경향이 있다.

AI 기반 뉴스 알고리즘은 이러한 변화 속에서 중요한 역할을 하고 있다. MZ 세대와 알파 세대는 AI가 큐레이션한 콘텐츠를 소비하며, 소셜 미디어 및 AI 추천 시스템을 통해 정보를 접한다. 이는 정보 접근성을 높이는 장점이 있지만, 동시에 정보 편향성과 필터 버블 현상을 심화시킬 가능성이 있다. 알고리즘이 사용자의 관심사에 맞춰 정보를 제공하다 보니, 특정 관점에만 노출되거나 편향된 시각을 가지게 될 위험이 커진다. 반면, X 세대는 이러한 AI 알고리즘을 불신하거나, 지나치게 자동화된 정보 소비 방식에 거부감을 느끼는 경우가 많다(박민정 · 채상미, 2024; 한정현 외, 2024).

이러한 세대 간 차이를 극복하기 위해서는 AI 기반의 공공 뉴스 플랫폼이 발전해야 한다. 공공 뉴스 AI 시스템은 개인화된 정보 소비 패턴을 조정하면서도, 세대 간 공통된 정보 환경을 제공해야 한다. 예를 들어, 특정 이슈에 대해 세대별로 다양한 관점을 제시하고, 이를 바탕으로 열린 토론을 유도하는 AI 시스템이 있다면, 세대 간의 정보 격차를 줄이고 공통의 이해를 증진시킬 수 있을 것이다(심홍진 외, 2024; 조진형 · 김규정, 2022).

결국, AI는 정보 제공 방식의 차이를 조정하는 역할을 수행해야 하며, 세대 간의 공통된 정보 공유 기반을 마련하는 것이 중요하다. AI가 단순히 뉴스 추천 도구가 아니라, 정보 격차를 해소하고 세대 간 대화를 촉진하는 도구로 기능해야 한다.

세대 간 갈등을 완화하고 상호 이해와 협력을 증진할 수 있는 AI 기반 솔루션

AI 기반 세대 공론장 플랫폼 구축: 다층적 공감대 형성을 위한 디지털 공공 영역 마련

세대 간 갈등을 해소하기 위한 가장 근본적인 접근은 서로의 경험과 가치관을 공유하고, 상호 이해를 확대할 수 있는 공론장을 마련하는 것이다. 기존의 소셜 미디어는 알고리즘에 의해 개인화된 정보만을 노출함으로써 오히려 세대 간의 인식 격차를 확대하는 경향이 있었다. 이를 보완하기 위해, AI 기반 세대 통합형 공론장 플랫폼을 구축할 필요가 있다. 해당 플랫폼은 각 세대의 언어적 특성, 관심 이슈, 문화적 맥락 등을 분석해, 서로의 경험과 인식을 자연스럽게 교환할 수 있는 인터페이스를 제공하는 방식이다(마정미, 2020).

AI 기반 세대 간 맞춤형 커뮤니케이션 코칭 시스템: 세대별 언어·문화 차이 해소

세대 간 갈등은 단순한 가치관 차이를 넘어, 서로 사용하는 언어와 커뮤니케이션 방식의 차이에서도 비롯된다. X 세대는 직설적이고 명확한 전달을 선호하는 반면, Z 세대는 유머와 밈(meme)을 활용한 간접적 표현을 선호하는 등 세대별 언어문화는 상당한 차이를 보인다. 이러한 차이를 완화하기 위해, AI 기반 세대 간 맞춤형 커뮤니케이션 코칭 시스템을 도입할 수 있다. 해당 시스템은 조직 내 메시지, 보고서, 이메일 등의 커뮤니케이션 데이터를 학습해, 세대 간 소통에서 발생하는 언어적 충돌이나 오해 가능성을 사전에 탐지하고, 상황에 적합한 표현 방식과 소통 전략을 실시간으로 추천하는 방식이다.

AI 기반 세대 간 상호 학습 플랫폼: 경험과 지식의 세대 간 교환

세대 간 갈등의 이면에는 서로의 경험과 전문성을 공유하지 못하는 구조적 단절이 자리하고 있다. X 세대와 M 세대는 풍부한 현장 경험과 축적된 산업 지식을 보유하고 있지만, 빠르게 변화하는 디지털 환경과 신기술에 대한 적응력이 상대적으로 부족하다.

반면, Z 세대와 알파 세대는 디지털 네이티브로서

AI · 플랫폼 경제에 대한 이해도는 높지만, 산업 전반의 거시적 흐름과 조직 운영 원칙에 대한 이해는 상대적으로 부족하다. 이러한 세대 간 지식 · 경험 단절을 완화하기 위해, AI 기반 상호 학습 플랫폼을 구축할 수 있다. 해당 플랫폼은 세대별 강점과 약점을 데이터화하고, AI 매칭 알고리즘을 통해 각 세대가 상호 보완할 수 있는 학습 커리큘럼을 설계하는 방식이다.

AI 기반 세대 감정 분석 및 갈등 조율 시스템: 실시간 감정 온도 관리

세대 간 갈등은 표면적인 의견 차이를 넘어, 서로에 대한 감성적 반감과 불신이 누적된 결과로 나타나는 경우가 많다. 특히, 세대 간 소통 과정에서 발생하는 미묘한 감정적 불편감은 갈등을 증폭시키는 주요 요인이 된다. 이러한 문제를 완화하기 위해, AI 기반 세대 감정 분석 및 갈등 조율 시스템을 도입할 수 있다. 해당 시스템은 조직 내 회의록, 이메일, 메신저 대화, 익명 게시판 등 다양한 커뮤니케이션 데이터를 분석해, 세대 간 감정 온도를 실시간으로 모니터링하고, 갈등이 고조될 가능성이 있는 지점을 사전에 경고하는 방식이다.

AI 기술을 이용한 감정 분석 알고리즘은 세대별로 민

감하게 반응하는 표현과 주제를 학습해, 감정적 충돌을 유발할 수 있는 표현은 완화하고, 보다 긍정적이고 중립적인 표현으로 유도하는 역할도 수행할 수 있을 것이다. 이러한 감정 분석 및 갈등 조율 시스템은 세대 간 갈등을 사전에 예방하고, 발생한 갈등도 감정적 소모 없이 해결할 수 있는 기반을 마련해 준다. 특히, 감정 데이터 축적을 통해 조직 내 세대 간 감정 흐름을 장기적으로 분석하고, 보다 구조적인 갈등 완화 전략을 수립하는 데도 기여할 수 있다.

참고문헌

김주영 · 최경현(2024). 생성형 AI와 조직 문화가 재무 및 비재무 성과에 미치는 영향. ≪기술혁신학회지≫, 27(2), 175-198쪽.

마정미(2020). 유튜브 저널리즘과 공론장(public sphere)에 관한 연구. ≪한국소통학보≫, 19(1), 217-246쪽.

박민정 · 채상미(2024). AI 자동 뉴스 추천 서비스 사용자가 인지하는 정보 편향성에 대한 연구: AI 서비스의 윤리 원칙 수립을 중심으로. ≪지식경영연구≫, 25(3), 47-71쪽.

심홍진 외(2024). 포털뉴스 추천 알고리즘과 지속이용의도: 디지털 역량의 조절효과를 중심으로. ≪미디어, 젠더 & 문화≫, 39(4), 81-123쪽.

전종희(2022). MZ세대를 중심으로 한 'Quiet Quitting'(조용한 사직)의 특징과 개선 방안 연구. ≪인문사회 21≫, 13(6), 5117-5132쪽.

조진형 · 김규정(2022). 소셜 미디어에서 에코챔버에 의한 필터버블 현상 개선 방안 연구. ≪한국콘텐츠학회논문지≫, 22(5), 56-66쪽.

한정현 외(2024). 미디어 산업 AI 활용성에 관한 고찰: 저널리즘 분야 적용의 주요 쟁점을 중심으로. ≪The Journal of the Convergence on Culture Technology(JCCT)≫, 10(3), 713-722쪽.

김현정

디지털산업정책연구소 전문위원으로 활동하고 있으며, 미국 뉴욕주립대학교(SUNY)에서 커뮤니케이션 박사학위를 취득했다. 미국 미주리남부주립대학교에서 커뮤니케이션학 종신교수로 재직했다. 주요 연구 관심사는 인공지능과 빅데이터를 활용한 마케팅 전략 및 설득 커뮤니케이션 분야다. 기술의 발달과 커뮤니케이션적 활용에 대한 다수의 논문들을 KCI, SCI, SSCI 등 등재학술지에 게재했다.